保険料50億円を獲得する思考術

保険セールスに成功する
お客様貢献
23の箴言

五島聡［著］

近代セールス社

はじめに

――保険営業マンが成功するかしないかはその人の生き方が大きく影響を及ぼします――

20数年前、当時勤めていた会社の私のデスクの電話が鳴りました。出てみると聞き覚えのあるような声なのですが、思い出せません。話を聞いてみると、以前私がお客様の娘さんのために中古車探しに奔走していたときのディーラーの担当者からでした。特に今は車を買い替える予定もないし何の話だろうと思案していると、「今はソニー生命に勤めています」と言うではありませんか。ディーラーに勤めているときにソニー生命から声をかけられそのまま入社したとのことです。保険販売で優秀な成績を残したことからマネージャーに昇進し、今度は彼が新たな人材を探していて、当時お客様のために奔走していた私を思い出し電話したといいます。

私は自分の仕事ぶりが認められてうれしい思いもしたのですが、多少会社に不満はあったもののその会社をすぐに辞めて生命保険の販売をするつもりはまったくありませんでした。ただ、せっかくの申し入れでもあることだし、話だけは聞いてみようと思い会うことにしました。

もちろん会っても断る自信はありましたし、何より生命保険のセールスなどという人に嫌がられるような職業に抵抗を感じていました。ところが話を聞いてみるとその思いは吹っ飛び、その場で入社を約束したのです。

私の生命保険のセールスのイメージはというと、女性の販売員が地縁人縁を活用して生命保険を売っているというものでした。そのマネージャーからは従来の生命保険販売の実態と、ソニー生命での仕事の違いなどを伺いました。従来の生命保険の販売とは大きく異なり、お客様のニーズに応え、商品ありきの販売手法ではなく、いかにお客様のお役に立つかというコンセプトのもとセールス活動をしているといいます。今では当たり前のことですが、いわゆるコンサルティングセールスです。

その話を聞いたとき、「私は絶対に成功する」という根拠もない自信が湧いてきました。「なぜ？」と問われても分からないのですが、自分は絶対成功すると確信したのです。成功して活躍する姿さえもイメージができました。またフルコミッションの世界で自分を試したいとも思いました。

ソニー生命入社後、私は2年4ヵ月でエグゼクティブライフプランナーになることができたのですが、これは当時のソニー生命では最短期間ということでした。このエグゼクティブライフプランナーは、主な要件として初年度手数料の累計が8000万円を超える者に与えられるものです。

なぜこれだけのことができたかというと、高い目標を持ったことが大きいような気がします。高い目標とは、「3年後に1億円の収入」というものです。もっとも目標を持っただけで実績を上げられるわけではありません。やはりそれなりの努力もしましたし、運もあったかもしれません。

私に付いたマネージャーも優秀な方で幸いしました。私に成功するセールスのイメージを持たせてくれることができる、ジョイントワークができる人だったのです。ジョイントワークとは言ってみればＯＪＴのことです。マネージャーに同行してもらい実際に販売していき、都度マネージャーに教えてもらうわけです。私はジョイントワークについては、個人保険で1回、法人保険で1回、医療法人で1回の都合

3回だけ受けました。本来はもっと回数を重ねるものですが、それぞれ1回だけでプレゼンテーションをマスターするつもりだったからです。振り返ってみると、それだけ強い思いを持っていたんだと思います。

私がいつも心がけていたことは、「お客様のために何ができるか」ということでした。私はよく「意識が行動を司る」と言うのですが、意識して一生懸命考えていれば、何をすればいいかが分かってくるのです。一生懸命考えていれば、前から来る情報を的確にキャッチすることができ、その情報の裏づけをとってお客様に提供することもできます。

1ヵ月程度の研修期を終えるとその後現場に出て行ってセールス活動を始めることになりました。当時私には取引をいただいているお客様はいません。知識も経験もないわけですから売れるはずもありません。またソニー生命に入社する前に勤めていた会社には退職することを快く思われなかったため、その会社の従業員や取引先の関係者などへの保険の販売も禁止されていました。まさに八方塞の状態です。

それでも友人・知人が40人ほどいました。ほとんど全員がサラリーマンですが、彼らとの信頼関係を構築しておいたことが奏功します。この40人を核として何とか私の生命保険営業マンは始まったのです。

3年ほどでソニー生命を退職したわけですが、ソニー生命はいい会社であるものの、お客様と接するにつれ、一社専属の保険営業マンでは対応できないお客様も現れ始めたことから、乗り合い代理店を設立したのです。

どのように生命保険を販売すればいいのかとよく聞かれるのですが、その都度「お客様への貢献」ということを私は言っています。この「貢献」とはお客様によって変わってきます。会社の売上げを伸ばす、コストを削減する、他の企業とのマッチング、従業員の福利厚生など様々あります。これらお客様のニーズなどを見極めてそのお役に立つように行動することで感謝され、保険のセールスにも結びつくのです。

本書では、私が実践してきたことを基に、主にフルコミッションの生命保険営業マンの行うべき事象について記載しています。最初のページに一番言いたい言葉を箴言としてピックアップして、その後に解説するようにしています。

また、その貢献活動の一端と手法について著していますが、これをそのまま実行すればすぐに成功すると言うものではありません。自分のお客様に合わせたかたちで実践することが大切です。そうすることでいつの間にかお客様への貢献がなされ保険セールスの実績も上がっていることでしょう。

本書では主に企業経営者に対してのアプローチ策などを展開しています。企業経営者と信頼関係が構築できれば、その後のセールス等の広がりに期待が持てます。大きく成功するためにも、企業経営者をターゲットとして活動することをお勧めします。

最後に、本書を執筆する上でお世話になり貴重な助言等をいただいた、当時ソニー生命のマネージャーであった沖野孝之氏、同じ保険代理店として切磋琢磨している福地恵士氏、編集作業に携わっていただいた近代セールス社の野崎真之氏には、この場を借りてお礼を申し上げたいと思います。

平成23年7月　五島　聡

目次

第3章◆成功に導く保険セールステクニック

第4章◆保険セールス実践貢献術

第1章

保険セールスに出る前の要諦

1 保険セールスに行く前の心構え

箴言その一

自分自身のビジネスモデルを構築し お客様にどういった貢献活動が できるかを考える

●興味はないけれども多くの人にとって生命保険は必要不可欠な商品

私たちがセールスする保険商品ついて考えてみましょう。保険営業マンが販売する生命保険商品はある意味変わった商品です。

人は必要なものについてはいつも考えるものですが、保険についてはそうではないようです。

四六時中生命保険のことを考えているお客様はいませんし、生命保険商品を欲しくて欲しくてたまらないお客様もいません。しかしながら９割近くもあるという世帯加入率から考えると世の中の大半の人が加入しているわけですから、必要な商品であることは間違いありません。

しかし一方で、多くのお客様が保険営業マンが勧誘に来るといい顔をしていただけないことも事実です。

すでに加入している方が多いことから、新規に保険を契約する必要がないと考えている方が多いためなのかもしれませんし、保険に無理やり加入させられると感じているのかもしれません。

そこで、今は必要なくてもいざ必要とされたときに指名してもらえるようなマーケティング活動を行っていくことが必要となります。そのためにはお客様に対して自分ができる貢献活動を指し示しておくことによって、お客様から声がかかるようにしておきます。

保険営業マンは、保険セールスありきの活動を行うのではなく、まずお客様にどういった貢献活動ができるかを考えた上でセールス活動を行っていくことが求められるのです。

●自分自身のモデルがなければ成功しない

保険営業マンは、前職の経験、例えば自動車関係に強い、医療関係には自信があるなど得意分野を持っているものですので、最初のうちはそれを基に自身が提供できるサービスを構築し、そのサービスを求める人がどういった人なのかを見極めターゲットクライアントを決定していきます。その上でマーケティングモデルを決めていくことになります。その後、経験を積むに従って、全職種にわたって営業することになります。

過去の経験を生かせない人や自分自身のモデルをあまり持っていない人は、先輩が行っている仕事を模倣して仕事をスタートさせていきます。

いずれのやり方にしても、考えるべきことは「持続可能で顧客満足度が高い」モデルを作ることです。売ればいいわけでなく、顧客満足を実現することが最も重要となります。

逆にやってはいけないことは顧客不満足な状態を作るビジネスモデルを作ることです。すなわちそれは売りっ放しのモデルです。こうしたことをしては決して成功できないからです。

例えば、月10件新規開拓をしてお客様になっていただいたとして年間で１２０件、10年たったら１２００件にもなります。会社からはほめられますが、この１２００件のお客様に対してきちんとフォローできるかというと、できるわけがないのです。ですから大きく成功しようと考えるのであれば、個人顧客のみをターゲットとしたモデルでは限界が来てしまいます。

それでも個人顧客を対象にセールス活動を続けるという人もいるでしょうが、どこかで破綻する可能性があります。でなければお客様のアフターフォロー策をきちんと準備しておかなくてはなりません。もちろん中程度の成功でいいという方もいるでしょう。個人のお客様を100~200人くらい契約いただければそれなりの収入は得られます。ただこの世界に飛び込んできたのであれば、やはり大成功を目指す方が多いと考えていますので、個人顧客を増やしすぎることは危険だと言わざるを得ません。

そこで、企業を中心として職域にまでターゲットを広げたセールス活動をすることが大きく飛躍するためには肝要となります。

企業であれば、

①経営者の法人保険
②経営者の個人保険
③従業員の法人保険
④従業員の個人保険

の4つを対象とすることができ、人数が多くても1箇所となるためフォローがしやすいのです。

最初のきっかけは、社長の法人保険の契約から入ることが多いのですが、それがうまくいくと、他の保険への加入もスムーズにいきやすくなります。

こうした自分なりのビジネスモデルを構築しておくと、成功の一歩を踏み出したことになります。

2 なぜ保険営業マンは嫌われるのか

箴言その二

長期間のお付き合いとなることから決して売りっぱなしとはしない

●いまだに変わっていない保険営業マンの社会的な地位

私は、「生命保険が変わる　ＬＰ（ライフプランナー）が変える」という素敵なキャッチフレーズに惚れて転職しましたが、生命保険を取り巻く状況は、現在でも当時とあまり大きな変化はなく、業界的には変わってないように思えます。また社会的地位が急激に向上したわけでもありませんし尊敬される存在になったわけでもありません。これはなぜなのでしょうか。

一般的な商品は、販売した後、多少アフターフォローが必要なものがありますが、往々にして売りっぱなしというものが多いといえます。ところが保険商品はそうはいきません。

保険営業マンがお客様にお買いいただく保険商品は期間の長い商品となっています。短いものでも10年、長いものでは終身ですので期間に終わりはありません。加入後のアフターフォローが必要となる商品です。個人で加入された方では特に何もなければそのままでもけっこうですが、結婚・出産、住宅の購入などその時々のライフプランに合わせた保険に見直していくことがベストです。

このように販売したお客様に対して長年にわたりお世話をしていくことになるのですが、実際にはそのアフターフォローは確実に行われているばかりではありません。最初に述べたように売りっぱなしの状況が多く見られるのです。

●保険営業マンの社会的地位は?

これは保険営業マンの責任ばかりではないように思えます。実は保険営業マンの報酬制度は、お客様へのアフターフォローに対してはほとんど考慮しない初年度偏重の評価制度となっているのです。契約した初年度こそは高い評価（収入）を得られるものの、その後年々低くなっていき、数年後にはゼロとなります。つまり新規にお客様と契約しなければ収入が減ってしまうのです。これは非常に不安定な成果報酬体系といえるでしょう。契約をいただいたお客様に対する責任を果たすという意味においても問題があります。

保険契約をした保険営業マンが途中で退職したとすると、そのお客様のお世話は誰がするのでしょうか。もちろん後任の者が担当することになりますが、そのときにはそのお客様の分の報酬はすでになくなっているかもしれません。これまでどおりの関係を築くことは難しいでしょう。

お客様にとっても契約したときの担当者がいなくなったということで、落胆するに違いありませんし、何より保険会社に対する信用を失う可能性もあります。

お客様からすると無理やりとは言わないまでも消極的にでも保険を契約したというのは担当者が熱心に勧めてくれたからというケースが少なくありません。ところが担当者がいなくなってしまいその挙句アフターフォローもなくなるというように映ってしまっては、保険営業マンに対して好感情は生まれないでしょう。そうなれば社会的地位が向上するはずはなく、低下もやむを得ないのかもしれません。

コンサルティングセールスを標榜してお客様本位の営業活動を行っている保険営業マンも数多くいる中で、なかなか社会的地位が向上しないのは、このような状況にあるためだと思います。生命保険は多くの方が加入しているもので、社会にとって必要あるもののはずです。同様にそれを販売している保険営業マンも社会にとって不可欠な存在になり得なければならないと思います。

3 評価の基準は新規契約の獲得にある

箴言その三

新規契約ばかりに目を向けると お客様は離れていく

●保険営業の問題点とは

前述しましたように、保険営業における本質的な問題の一つが報酬制度です。具体的には初年度偏重の報酬制度であるということで、お買いいただく保険商品の期間は長いのですが、保険営業マンに支払われる報酬は短期間であるという矛盾があります。

この理由は、保険会社の評価が新規契約に重きを置いているためです。その結果、保険営業マンの意識は常に新規契約に向かい、契約をいただいている本来大事なはずのお客様には向かいにくくなります。そのため売りっ放しになってしまいがちになるのです。

新規契約に重きを置いているということは、担当者が辞めて後任が来たとしても積極的なかかわりを持つ可能性は低いと言わざるを得ません。なぜなら既存のお客様のお世話よりも新規開拓に目がいっているからです。

他の人のお客様よりも自分自身の新規顧客が大切となるのはこうしたためです。

お客様は当然満足を得られないでしょう。顧客不満足のビジネスに将来はありません。お客様は離れてしまうでしょう。やはりこの報酬制度を見直し現実に合った制度にしていくべきではないかと思います。もちろんすぐには無理かもしれませんが、長期間の保険という商品を販売していることからも、何とか改善してほしいところです。

もう一点生命保険に関しての問題点として挙げられるものに、保険会社の営業マンの大量採用・大量離脱があります。大量に採用しても大量に辞めてしまうからまた大量に採用するという繰り返しです。普通に考えて、こうした状況がいいとは思えません。これも新規契約の獲得を考えているからかもしれません。

保険営業マンに前職の安定したサラリーマンの座を投げ捨てさせ人生を変えさせて採用するわけですから、保険会社としても採用責任があると考えられます。その責任とは、たとえ本人が思っている100%の成功でなくてもある程度の成功に導くというものです。

もちろん最終的には本人の努力がすべての世界ですから誰かの責任ということはないのですが、具体的な成功に至るＯＪＴやノウハウの提供等などが十分にできているかどうかについても見直してほしいものです。

私の受けた印象としては、本人の努力もさることながら担当のマネージャーの差が大きいように思います。したがって、このマネージャーの育成が非常に重要ではないでしょうか。

今日の市場環境の変化は情報化時代でとても速く、お客様は変化をしています。その変化に対応した教育ができ、営業マンが成果を上げられる状態に仕上げることができるマネージャーの存在が問われるのです。

●市場環境の大きな変化も要因に

私が新人だった20年前と比べて、市場環境は大きく変化しています。当時は一件一件お客様のところを回って商品ありきでお客様にはめ込むというようなセールス活動でしたが、近年はコンサルティングセールスというように、単に商品を売ればよいというやり方ではなくお客様のニーズに応えた営業スタイルとなってきています。

以前であればお客様の保険知識はそれほど高くはなく知識の源泉は保険営業マンというお客様も多かったのですが、現在では様々なところに情報があるため、保険営業マンも顔負けの知識を持ったお客様もいらっしゃいます。

その結果、従来提供していた情報では満足しなくなり、なかなかお付き合いが進展しないような状況になってきています。昔のやり方が通用しない時代になったのです。

市場環境の変化でもう一つ大きな要因として販売チャネルの多様化ということがあります。生命保険の販売チャネルとしては、保険営業マンだけではなく来店型の店舗も増えてきましたし、銀行窓販も加速度を上げて進展しています。インターネットで生命保険を購入する人もいるようです。

その結果、保険営業マンの競合が増えて、当然のこととして競争が激しさを増してきました。また、インターネット販売では、店舗や保険営業マンを持たないことからコストがかからないため、同じような商品であれば保険料が安いケースが多くなっています。保険商品だけに注目すると、保険内容が同じような商品で保険料が安いものにお客様は流れていきやすいものです。

こうした環境の中で、保険営業マンが成功するにはお客様から選んでいただけるだけの具体的な理由がなければいけなくなりました。

これまで以上にお客様のニーズを勘案して貢献活動を行うことで活動していくことが求められているのです。

第2章

保険セールスの勘どころ

1 経営者と知り合うためには

箴言その一

各種会合に出席して名刺交換を行い
できるだけ多くの企業オーナーと接する

●保険セールスは企業オーナーへの貢献

保険セールスにおいて私が実践しているのは、企業オーナーへの貢献活動です。いきなり「保険に加入してください」といって加入してくれる人はまずいません。門前払いされるのがオチです。

保険加入のきっかけとなるのが、企業にメリットある提案を行うことです。企業にとって得があることであれば喜んでもらえますし、何よりオーナーと信頼関係が構築できます。信頼関係が構築できて初めて保険セールスが成功すると考えています。

保険営業マンであるからイの一番に保険を売るという発想は捨てて、まず企業にとって何が必要かを見極めるようにすることです。

●誰と付き合うかが大事

企業への貢献活動をするにしてもより多くの企業オーナーと知り合えばいいというわけではありません。私は、「50人のオーナー経営者と信頼関係を構築する」ことと考えていますが、もちろんどんな経営者でもお付き合いをすればいいというものでもありません。保険営業マンの重要な評価は新規契約ですから、契約をしてくれる人すべてが大事なお客様と位置付ける傾向が強いように思えますが、実際には保険営業マンもお客様を選択すべきなのです。50人の企業オーナーと知り合うにはその何倍もの例えば500～600人くらいの企業オーナーと面識を持たねばならないのですが、その人たち全員と親密になる必要はなく、その中で、保険営業マンとして付き合うべき人と付き合ってはいけない人を明確にしておくことが重要となります。

私の場合、付き合うべき人の定義は「誠実で前向きな経営者」としています。こうした人の周りも「誠実で前向きな人」が多いものですから、優良な人脈の輪が広がっていきます。周囲からの支援をもらえることも期待でき、その会社の成長・発展を実現できる可能性が高くなります。企業とは、いくらその企業だけが頑張っても一人では成長できないものです。周囲の支援により成長を果たしていきます。周囲の支援を受けるには主に経営者の人間性が大事となりますので、前向きで誠実という要因は重要なのです。

企業が成長・発展することにより、保険営業マンも成長・発展を果たすことができる可能性も生まれます。ですから「誠実で前向きな経営者」と付き合うメリットは多いのです。長期間付き合うということを考えても、誠実で前向きな経営者でなければなりません。

焦ることはありません。50人の企業オーナーと知り合うことは大事ですが、誠実で前向きな人との付き合いをまずは一人から始めることです。また、そうした人と付き合ってもらえるように価値の高い自分自身になる努力を具体的にすることも大事です。

契約の源泉は信頼関係です。信頼関係のないところでは何も生まれません。

私も以前、保険契約を取りたいがために、接待を要求する経営者の要望どおりお酒を飲む機会を設けるなど、お客様に気に入られるような活動も取り入れたことがありました。しかしこういった人たちとはその場限りで長続きはしません。「誠実で前向きな人」ではこうした要求はあまりありません。その代わり会社に対する貢献活動を要求されます。このような関係性ができれば、その企業とも社長とも長く続けることができるのです。

経営者と信頼関係ができるとその人がパワーパートナーとなってくれます。

パワーパートナーとは、自分のことをよく理解してくれ好意を持ってくれる協力者のことで、様々な人たちを紹介等をしてくれる人です。

パワーパートナーを持つためにも顧客に対する貢献が求められます。人を紹介するには理由が必要です。「○○君を紹介するよ。その理由は××だから」といったように、貢献によってその理由付けをすることです。例えば「五島さんと付き合うと財務を見てくれたり売上げの増加にたよりになるよ」と言ってもらえれば、多くの人が私の話を聞いてくれるのです。

●出会いをいかすことがすべて

そうした経営者と知り合うことが第一であり、その「出会いをいかすこと」が保険セールスに成功する基本となります。出会いとは過去の出会いと将来の出会いがります。この2つの出会いをいかせるかどうかがすべてといっても過言ではないでしょう。

成功できない保険営業マンの大半は、出会いをいかせてないというのが実情でしょう。特に過去の出会いである、名刺交換した人について「名刺は多く持っているけれど、見込み客化できていなくて活用できる状態ではない」という人が多いのではないでしょうか。

名刺交換をしても時間がたてば連絡しづらくなります。「いまさら連絡なんてできない」ということにもなります。相手も名刺交換直後でしたら覚えてくれていますが、時間がたつと忘れてしまいそのときに連絡しても「どなたでしたか?」「なんでいまさら連絡してきたんだろう」と不信がられるのがオチです。ですから、名刺交換したらすぐに連絡をして面談にもっていくことです。

もちろん遅きに失したとしても、これまで名刺交換した人でこれはと思う人をピックアップして、連絡することは最低限やっておきたいことです。新たな出会いとなるかもしれません。

一方これから出会う人について、黙っていて向こうからこちらに名刺交換するためにやってきてくれるわけではありません。保険営業マンが足を使って人と会うことをしなくてはならないのです。

そこで、様々な会合等に顔を出すことです。異業種交流会、ライオンズ倶楽部、ロータリー倶楽部、青年会議所など何でもいいのです。こうした会合に出席することで経営者と出会うことができます。ここで名刺交換などをして知り合いになることが第一歩となります。また会費制の会合等であってもお金を惜しまずに入会して交流の範囲を広げていくことです。

こうして出会えたとしても、相手から「興味を持たれない」とその後の伸展はありません。この状態になっていると、保険営業マンだけでなくすべての業種における営業マンは成功できません。

まずは、興味を持ってもらえる存在になることが重要です。そのためには興味を持ってもらえる名刺交換を行うことです。

名刺交換時には「興味を持っていただくこと」と「情報提供の許可を得ること」が大事となります。保険営業マンが最も困る状態は「行くところがない」状態ですので、「情報提供の許可を得ること＝行くところを作ること」になるのです。

その2つを実現するために私は名刺交換のときにこんなことをメッセージとして発信します。

「初めまして五島と申します。私の仕事の目的は顧客企業の成長戦略の実現です。

経営に役立つ情報を多くの経営者に提供していますが、あなたにも提供して良いですか？」と。

時間にして20秒くらいではないでしょうか。立ち話ですから相手の負担を考えると短い時間に限ります。経営者にとって有効な情報であれば提供してほしいと言うに違いありません。そこから次の面談につなげていくわけです。

箴言その二

長く継続できることと満足を与えられることがお客様への貢献のポイントである

●まずはビジネスモデルを構築しよう

保険営業マンとしてやっていくためには、保険営業マンとしてのビジネスモデルを構築する必要があります。その決定には3つの要因を考えることが重要です。

①誰に（ターゲットクライアント）
②何を（提供すべきサービス）
③どのように（マーケティングのやり方）

この3つがビジネスモデルを構築する要因となります。

「誰に」はお客様を誰とするか、「何を」は提供するサービスは、「どのように」はマーケティングの手法は、ということです。

「誰に」は、企業経営者であったり個人顧客であったりと、誰と付き合うかを決めていくことです。ただし個人顧客をターゲットとすると最終的にはフォローするお客様が多くなりすぎるため私は企業経営者としました。

企業経営者をターゲットと決めた場合、有効なコミュニケーションのとり方としては、経営者の主な仕事は決断をすることですので、「結論から話す」という形態がいいでしょう。結論をまず話した後に、その目的や理由、その他ディテールを話すことで、スムーズなコミュニケーションをとれる可能性が高くなります。

「何を」ではどんなサービスを提供するのか？　私の場合は企業経営者としていますからセールスする保険としては、当初は社長の個人保険か企業の法人保険が入り口となります。そのときにまずすべきことは保険セールスではなくて、その企業の商品やサービスを見極めることです。どういった商品やサービスを提供しているのか、その商品やサービスをどのように展開していけばいいのか、あるいは新しいサービスなどを開発していくべきなのかを考えアドバイスしていくのです。

「どのように」はマーケティングのやり方です。この場合もまず相手企業の販売先などを見極めていきます。これまでとは違った顧客層を考えるなどして、販路の拡大やマッチングなどをお客様に提案して信頼関係を構築していくのです。その後の保険セールスについて検討していきます。

この3つの要因によってビジネスモデルを構築していきますが、ビジネスモデルを考えるときに大事なことが２つあります。それは継続可能であるかどうかということと、そのモデルが顧客に満足を与えられるモデルであるかどうかということです。

一次しのぎであっては当然先止まってしまうため、長く続けられるものにしなくてはなりません。そしてそれがお客様に満足感を持って受け入れてもらえるものでなくてはなりません。一時の業績アップ策もまったくダメではありませんが、お客様の満足感もそれに伴って一時的なものになりがちです。保険商品は期間が長いものですので、長くお付き合いしていくことを考えれば、どのような満足をお客様に持っていただければ良いかお分かりだと思います。

こうしたことをきちんと考え見極めた上で、保険セールスにおけるビジネスモデルを構築していく必要があります。

●信頼関係を構築することで4つの保険を任せてもらう

私が考える成功を果たすための有効なビジネスモデルは、「50人のオーナー経営者との信頼関係を構築しすべての保険を任せていただく」というものですが、なぜそうなのかと言うと、一番効率がいいということと、企業そのものに対するアドバイスに加え従業員などの個人もお客様に加えられる可能性があるためです。

保険の営業マンとして成功するために、数多くのお客様と契約できればいいと言うわけではありません。各地にバラバラで1200人ものお客様がいたとしたら、その方たちとどのようにコミュニケーションをとっていけばいいのでしょうか。基本的には取れるはずがないのです。もちろん保険セールスを開始した当初であれば、とにかくお客様と契約したいはずですから、どのような方とでも取引をしようと思うでしょうが、それにも限度があるはずです。

そこでターゲットとなるのが企業のオーナー経営者なのです。

企業オーナーと契約ができれば、経営者の個人保険と法人保険が入り口といいましたが、それに加え従業員の保険2つを合わせ4つの保険契約形態すべてに契約ができる可能性があります。

すべての保険とは、①経営者の法人保険、②経営者の個人保険、③従業員の法人保険、④従業員の個人保険です。

その4つの領域を任せてもらうことで、一箇所で数多くの保険契約ができ新規契約が重要な評価基準である保険営業マンとしての経営も安定することになります。

この４つの保険について説明しておきましょう。

①経営者の法人保険

オーナー経営者であると個人保証をしているケースがあります。連帯保証をするなど借金対策として保険を活用します。また経営者の退職金対策としても有効です。

②経営者の個人保険

これは経営者の相続税などの納税資金対策、遺産分割対策となります。オーナーであれば株式を多く所有しているため、いい企業であればあるほど株価が高くなくなったときには高額の相続税が課せられることになります。また相続においてそれこそ〝争続〟となるケースも多々あるため、その備えとなります。

③従業員の法人保険

これは主に福利厚生対策となり、退職金などの準備と言えます。退職されるときにより多くの退職金を支払うためです。

④従業員の個人保険

これはいわゆるライフプラン対策です。個人のライフプランに合わせて保険の見直しや加入などをお勧めします。

法人とは、人の集合体です。人がいて初めて保険の2つの機能である保障と貯蓄が必要とされるようになるのです。4人家族でしたら4人分の必要性しかありませんが、100人の会社では100人分の必要性が存在します。

100人いればそれぞれの保険加入における目的は異なります。ですから画一的に同じような保険をセールスするのではなく、個別に事情を伺いながらプロとしての技量をもって対応をしていくことが必要となります。

そのお客様はサラリーマンから経営者までの幅があり、その経営者の経営する会社も零細企業から大企業まであります。

費用対効果を考える生産性という面からでは、社員数の大きな会社ほど生産性は大きく「付き合うお客様によって生産性という結果は決まってくる」ということと言えますが、だからと言って大きな会社ばかりをターゲットとするのではなく、いろいろな会社に対する対応力を身につけておくことが肝要となります。

また企業へのアドバイスという面については、手法においては各社各様ありますが、多くは売上げの増加とコスト削減となるのです。したがって最初のアプローチとしては入りやすいといえるでしょう。この２つに悩んでいない企業はないはずと考えます。

大企業・中小企業というくくりはありますが、私が企業を見る上で一番気をつけていた部分は、資金に余裕があるかないかです。余裕がある企業については財務体質の強化を提案していきます。そのためには売上げを上げることが重要となります。資金に余裕がない会社の場合には、まずコストを下げることを提案します。特に保険の見直しを中心に行っていきます。オーナー経営者であれば、経営者の死亡リスクマネジメントをするのが私たちの仕事です。保険料の引き下げを含め最適な保険加入を勧めて死亡リスクに備えるようアドバイスしていきます。

3
良い人脈を持つためには

箴言その三

紹介をいただいた場合には必ず成約まで結びつける

●お客様との信頼関係の構築で人脈ができる

保険営業マンの成功の重要な要件として、パートナーである紹介者を持つということが挙げられます。自分のために行動を起こしてくれる人ということになるのですが、これらが人脈というものになります。人脈は非常に大きな力となります。

もちろん先の名刺交換で人と出会うということを言いましたが、契約をしてくれたお客様がそのまま人脈となるのです。契約をしてくれるということは、自分と信頼関係が構築できたということでもあるからで、その方たちからの紹介も有効な人脈の構築に繋がります。

個人のお客様の場合、契約してくれても信頼関係が希薄なことがあります。付き合いで加入してくれた場合にはそうしたことが往々にして起こります。企業経営者でも関係が希薄なケースはあるものの、経営そのものまでタッチしますから、その後の関係性は非常に深いものになりがちとなります。

保険営業マンは出会いをいかすことでしか成功を果たすことはできません。出会いをいかすためには出会いを作ってくれる紹介者の存在がなければその後の成功もないのです。また簡単に紹介してもらえるものでもなく、信頼関係のないところに紹介はあり得ません。

ですから紹介者がいるということは、事前に信頼関係が構築できているということであり、紹介してもらえる人に対して信頼を担保してもらっているということにもなるのです。

また、その人脈は、保険営業マン自身の課題解決力を高めることにもなります。人の悩みや課題を解決するには自分ひとりだけでは到底手に負えるものではありません。その人脈を活用し、得意分野を持つ人に課題解決や解答のヒントをもらうことで、悩みを解決することが可能となります。

このような人脈を持つということは、お客様への様々なニーズに対して対応できる能力を高めることになります。そうすれば必然的に保険セールス活動もうまく展開するようになるのです。

●紹介には理由が必要

ギブ&テイクという言葉がありますが、契約をください、紹介をくださいというようなテイク&テイクの営業では、決して喜ばれる存在にはなり得ませんし、紹介などをお願いできるわけもないでしょう。

紹介には強い紹介と弱い紹介があります。「○○君と是非とも付き合いなさい、あなたに役立つ人だから」という紹介と、「一度話だけ聞いてみたら」という紹介です。

紹介をいただくのにどちらの紹介がより効果的かというと、断然前者の紹介です。強力な紹介をいただけるようにすることが重要です。

信頼関係さえ構築できれば紹介入手のテクニック等はいりません。すでに紹介してもらいたい人がいるのであれば素直に「友人の○○さんを紹介ください」と言えば良いのです。そうすると相手は、気持ちよく紹介をくれるものです。

そして、強い紹介には理由がいるということです。先ほど会ってもらうには理由がいると言いましたが、同様に紹介にも理由がいるのです。

「五島さんの話は売上げ増強に役立つから話を聞いてみたら」

「財務状況をチェックしてくれて、適切なアドバイスがもらえるよ」

このように言ってもらえれば確実に出会うことができます。

こうした紹介を受けることは簡単ではありませんが、企業に対してそのニーズに適った貢献を行うことで可能となります。

自分が持っている情報やサービスがあるお客様にとってメリットがある場合もあります。こうしたケースでは、ピンポイントで「○○さんをご紹介ください」とお願いすることもあります。これは相当効果的で成約率も高いものとなっています。

紹介をいただいた後で留意しなければならないことがあります。

紹介いただいた方には誠心誠意一生懸命尽くすのは当然ですが、紹介をいただいたという責任が今度はあるため、紹介者には常に報告するようにしています。紹介者にとって自分が紹介したことについて気にしているはずですから、細かいことでも報告することで安心してもらえると思っています。こうしたことも信頼構築には役立っているのではないでしょうか。

さらに、紹介していただいた案件は、必ず成約させることです。と言うよりも成約させねばなりません。紹介者にとって紹介をするということは、相手先に役に立つから紹介をするのです。もしそれが不調に終わってしまったら、相手先に役に立たない人（保険営業マン）を紹介したことになってしまいます。紹介していただいた方の顔に泥を塗ることにもなりかねません。

そうなると、その後の紹介はいただけなくなってしまいます。ですから必ず成約にまで結びつけるように、事前準備を整えプレゼンをしっかりやらなければいけないのです。一件の商談を大切にしないようでは、成功はありません。

ただしどうしてもダメなケースもあります。そのときでも断られる理由を持っていなければなりません。

例えば相手が心臓が悪く保険に加入できないなど、紹介者も納得いただける理由が必要です。その上で、「社長とは無理でしたが、奥様には保険に加入していただけました」というように、紹介者にとっても紹介してよかったと思えるような結果にする必要があります。

4 人脈のつくり方

箴言その四

オーナー経営者への貢献は
企業の存続価値を高めることであり
売上げを増加しコストを下げることである

●相手のニーズをつかむ

人脈はどのように作ればいいのでしょうか。単に待っていて誰かが人脈を紹介してくれるわけではありません。

何よりもまず人のために汗をかくということです。その人のために貢献をすることです。貢献といってもその経営者や会社によって様々ありますが、情報提供、会社の悩み、何でもかまいませんが、大別すると、売上げを上げる、コストを削減する、という２つではないかと考えています。

真摯に向き合って相手のニーズをつかんでいきます。さらにその貢献についても一時的なものではなく長く貢献できることがその後の良いお付き合いにつながります。

もちろんこの場合も、前向きで誠実な経営者について貢献活動をしていきます。前向きで誠実な経営者だからこそ自己成長を果たし、その結果経営をする会社を発展させることができるためです。

自分が付き合うべき人を明確にし、その人が欲することを提供し信頼関係を構築していきます。

人脈を作るにおいて焦る必要はありません。まずは付き合いたい人との信頼関係を着実に構築することを考え実行すればいいのです。

●自分自身の価値向上と人脈力の向上がカギ

成功するには貢献が欠かせないわけですが、この貢献力（価値提供力）を向上させる方法は2つあります。それは自分自身の価値を高めることと、価値の高い人の人脈を持つことです。

例えば、お客様から課題や宿題をもらったとき、みなさんはどうしますか。それを持ち帰り対応する人と、その場で携帯電話一本で課題解決をできる人とどちらに共感を覚えるでしょうか。断然、後者だと思います。

それを実現するためには自分自身の価値提供力を持つか価値提供力の高い人脈を持つかのいずれかだと思います。自分1人で何でも解決できれば言うことはありません。しかし誰でも得手不得手というものがあり、すべてを1人で対応できるわけではないのです。そこで多くの人脈を持つことが重要となるのです。

また人脈があるからと言って自分自身が何も知らなくていいわけではありませ

ん。やはり知識を身につけていくことですが、これには勉強していくしかありません。私は分からないことがあれば本を読みました。それも相当数です。そうしてお客様の役に立てるまでの知識を身につけたと思っています。

では、具体的にどんなことを学べば自分自身の価値の向上に繋がるかと言うと、マネジメント、マーケティングとブランディングです。個別の勉強ももちろん必要となります。財務の見方や事業承継について、あるいはＭ＆Ａ概論などを知らないといけません。

お客様は、保険の話よりも自分にとって役立つ情報が欲しいのです。そのための知識が保険営業マンにとっては不可欠となります。それが経営全般にわたるマネジメントであり、商品やサービスをどう展開するかなどのマーケティング、そしてより自分に声をかけてもらうための得意分野を身につけておくブランディングとなります。

保険セールスのテクニックなどを学ぶ方も多いと思います。もちろんそれが必要ないとは言いませんが、自分自身をブランディングするなどした上でのテクニックとなります。まずは自分自身の価値を高めることが肝要でしょう。

第3章

成功に導く保険セールステクニック

1 成功するための3つの要因

箴言その一

会ってもらえるだけの理由がなければお客様と会うことはできない

●高い目標を持つ

私は、ソニー生命で最短期間でエグゼクティブライフプランナーになることができました。エグゼクティブライフプランナーになる主な要件は初年度手数料累計で8000万円です。そしてその期間は2年4ヵ月でした。

当時の私は決して恵まれた環境にいたわけではありません。経営者の友人を多く持っているわけでもありませんでしたし、経営者のニーズに対応できるだけの能力を持っていたわけでもありません。

そうした中で自分自身の成功要因を分析してみると、主に3つの要因があるように思えます。

1つは、「高い目標を持つ」ということです。入社後1ヵ月間の基礎研修を受けているときに、当時のマネージャーから「3年後の収入の目標を決めましょう」と言われ、私は「1億円の収入」と決めました。その金額に具体的な根拠はなく、ただ願望としての目標でした。願望としての目標を決めたわけですが、それはそれとして高い目標を決めたことにより仕事に対する強い想いを持てたのではないかと思います。

2つ目は、その目標を達成するための「高い行動目標」を決めたことです。具体的には「1日に5人の経営者と会う」という行動目標です。その当時31歳の私にはそれを達成するのに十分な経営者の知り合いはいませんでした。ただ、5人の経営者と会うと決めたことによって「誰と会おうか」とか「どうやって会おうか」を考える中で、「人と会うためには具体的な理由が必要」ということが分かってきました。そしてそのためには、「その人にとってお役に立つことができる存在になること」ということを、身をもって知ることができたのです。これによって自分自身の仕事における方向性を見だすことができました。

3つ目は「お客様に対する貢献」です。つまりお役に立てる存在です。貢献することが成功の重要な要件となります。これは自分自身の存在意義にも関連しますが、自分自身は何を目的に仕事をするのかということについて、思い定めることです。仕事をしていくにおいても生きていく上においても重要なこととなります。

「お客様に対する貢献」というのは具体的には何でもかまいません。そのときにお客様が悩んでいることやこうしたいと思っていることについて、お手伝いしていくことです。ただし何を望んでいるかを見る目を養っておかなければならないのは当然です。直接聞いてもかまいませんが、お客様がすべてを話してくれることはまれで、本当のことは話したがらないものです。そこでそれを推察していくことになります。

お客様に貢献することによってその人との信頼関係が構築されます。この信頼関係が構築されて初めて仕事（契約）が成立したり、人脈ができたり、紹介者ができたりします。

生命保険の場合、必要な商品とはいっても日頃、欲しがられない商品ですから、アポイントを取るにおいてもなかなか積極的になれない、もっと言ってしまえばなんとなく後ろめたいところがあったりします。しかし、会うことによってその人のお役に立てるのであればそうした思いはなどなくなります。むしろ役立つことをするのであるということを前提に考えたら、会うことがお客様のためになるのです。そういう思いで活動していました。

お客様に役立つことができることは、結果として高生産性を実現するばかりでなく、お客様に貢献しているということからも、正々堂々の幸せな人生を送ることができるのです。

●お客様が会いたいと思う理由を持つ

貢献活動をするには、名刺交換などから情報提供の話をして、まずはその企業を訪問しなければなりません。

保険営業マンは行くところがなくなると新規の契約ができなくなり、保険営業マンを続けることができなくなります。行くところがなければ破綻するしかなくなるのです。

お客様を訪問するにはアポイントを取りますが、このアポが取れないわけです。電話をかけて「保険のセールス」と言って会ってくれる人はほとんどいません。人が人と会うには理由が必要です。理由がなければ会ってくれないのです。

そこで、保険営業マンはお客様と会う理由を持つ必要があり、その理由をより高いレベルにもっていかなくては3回目、4回目と会ってもらえません。

名刺交換のときに情報提供をするという約束をしたのですから会う理由が生まれてきます。

保険営業マンとして、お客様と会う価値を持つこと、そしてその価値を明確に伝えて興味を持っていただくことが重要です。

それが情報提供ということです。情報提供といっても多種多様なものがあります。その企業にとって一番有効と思われるものを用意して訪問することになります。ですから訪問前にはその企業についてある程度調査してから訪問しなければならないのは当然です。

売上げ、従業員数、主要な商品・サービスなどを把握して、この企業に今必要なものをイメージしてから訪問することになります。

2 企業訪問には事前準備が必要

箴言その二

企業を見る上で大事なのは売上げの増減とビジネスモデルである

●事前準備が何より大切

企業に対して提供する情報としては、売上げを上げることとコストを下げるということが中心となります。

つまり売上げ増加の話やコスト削減の話などを持ち込むことで、企業との密接な関係を作ることができるようになるのです。

そのためには次の2点を確認しておくなど事前準備が大切となります。

①売上げが上がっているのか下がっているのか
②ビジネスモデルはどのようなものなのか

こうした情報については、ある程度の規模の企業であればホームページなどに公開しているでしょうし、企業情報会社から入手するということも考えられます。その他にも風評等で判断することも大事です。

この2つのポイントの見方としては、次のように考えるとよいでしょう。

①の売上げの増減はここ数期のものを確認します。その上で全体的にどのように

推移しているかを見極めます。すなわち近年の売上げがどのようになっているのか傾向を知るわけです。売上げを上げている会社に対しては、より財務体質強化の方策を考えていきます。財務体質の強化では、自己資本の増強や経費の圧縮などが考えられます。売上げが落ちている場合には、コスト削減の提案を行うことになります。

②のビジネスモデルについては、誰に、何を、どのように、を見ていきます。この企業をさらに発展させるためには、ターゲットとしているお客様を代える必要があるのか、商品・サービスを変える必要があるのか、マーケティングなど販売方法を見直す必要があるのか、などについてを検討していきます。

そしてこの2つから自分がどのような活動ができるかを考えていきます。

例えばマーケティングがいまひとつということになれば、自分の知っている企業を紹介するなどしてマーケティングの見直しを実施します。

販路の拡大を考えているのであれば、やはり懇意にしている企業を紹介して協力していきます。

こうしたことを実践するためには、自分自身が企業を見る目を持っていなくてはなりませんが、その養成も怠ることのないようにすることです。

箴言その三

保険商品に大差はない 他の営業マンと自分との差が価値となる

●お客様が求めているものは何か？

私自身、知識もなく、支援してくれる人たちもそう多くはない状況で、自分に何ができるだろうと考えていました。訪問した企業で悩みや課題などを聞きそれを解決できる企業を探しビジネスマッチングを実践してきました。

こうした活動を丹念に実践していったからお客様の信頼を得ることができたのだと思います。

保険商品はどこで購入しても大差はありません。どこで差をつけるかというと人の価値でしかないんです。結局は、自分自身の価値を上げることが何より大切となります。

お客様が保険営業マンに求めることは何でしょうか。普通に考えれば保険のプロとしての助言であるとかフォローを継続するということだと思います。個人の場合はそれで十分かもしれませんが、企業経営者にとって保険営業マンには保険についてのアドバイスよりも、それ以外のことについてアドバイスを求めてくるケースが多いのです。

もっと絞り込んだ言い方をすると経営についてのアドバイスを欲していることが

多いのです。

特に自社の抱える、課題を解決して欲しいと思っているのです。お客様からすると保険営業マンは、仕事柄多くの知り合いであるとか多くの人脈を持っていると映ります。多くの人脈を持つというのは、すなわち課題解決力を有すると感じているはずです。

お客様の求めているものは自分自身の課題解決とともに自分自身に興味のある情報提供です。また経営者であれば自社の価値向上です。そこに寄与してくれる人を大事にします。

お客様の求めているものに対して、自分は何ができるか、そのレベルに達しているのかなどについて、今一度見つめ直してほしいと思います。特に経営課題などを解決できるスキルを身につけておくことが何よりも必要なのです。そのレベルに達していないのであれば早急に引き上げることです。

一方でお客様が何を欲しているかを判断する作業も必要となります。そのためには求めているものをすくい上げる目を持つようにしたいものです。

●企業の価値を上げること

では保険営業マンとしてお客様に求めているものを提供できているのでしょうか。

仕事とは価値の提供です。どんな価値を提供するかが問われてきます。

少なくとも保険商品そのものは価値ではありません。サービスも違います。保険商品はあくまでも保険商品です。お客様は商品だけを望んでいるわけではありません。あくまでも価値を求めています。

その価値とは生命保険商品の価値というものではないのです。保険営業マンだから保険に関する商品の提供だけで良いのではありません。お客様が保険の必要性を感じる機会が少ないからです。

お客様が最も興味を示す価値を持ち提供することが大切となります。例えば経営者が欲する価値は自分の会社の企業価値の向上。そのことに貢献できれば人は大事にされます。

経営者にとって保険商品はツールにしか過ぎず、目的は自社の価値の向上です。そこを理解していなければ間違った対応を取ることになりかねません。経営者の真の目的をきちんと見極めることが肝要です。

●仕事とは自分の価値の提供

仕事の定義は「お客様に価値の提供」をすることですが、それができて初めて仕事といえるのです。

「あなたの提供する価値は何ですか。そしてそれはお客様の求める価値ですか」

この答えがすぐに出ないのであれば、今一度自分の仕事の在り様を見直してください。

仕事の価値を向上させることで自己成長を果たしたり、お客様の満足を得ることができるのです。何よりも、より高いレベルの成功が果たせるのです。

「自分自身の価値を向上させ、その価値を提供すること」が本来の仕事の意味なのです。保険セールスを始めた頃の私にとっては、それがマッチングだったということです。

自分自身の価値をお客様に提供して、お客様の企業の価値を向上させることが、保険営業マンに求められていることなのです。

4 自己研鑽で貢献力をアップする

箴言その四

対象者をイメージしなければセミナー等に参加する意味はない

●年々成長を続けているか

保険営業マンの中には「私は個人保険しかしません」という人と出会うことがあります。しかし私はそうではなく「個人保険しかできない」のではないかと思います。個人保険でも決して悪いわけではありません。しかし自分自身がより向上していきたいと考えるのであれば、企業経営者を対象としたほうがいいでしょう。

個人保険は、年数を重ねるにつれてフォローすべきお客様が多くなりすぎ、結局何のフォローもしないお客様も出てきてしまうことを防ぐ施策をせねばなりません。そうならないためにも企業経営者をお客様とすべきなのです。

また個人のお客様の場合、企業に比べてアドバイスや提案はそう難しくはありません。結局はライフプランに精通すれば、ある程度対応できるからです。自分自身のスキル向上を念頭に置くならより難しく知識も必要な企業をターゲットとすべきだと思っています。

「3年前と同じレベルの仕事しかできない」営業マンと「年々仕事を通じて成長を果たしている」営業マンを比較すると、どちらが魅力的に映るでしょうか。後者であることは間違いありません。

保険セールスでは、お客様と出会うことができれば、それまで培ったテクニックやノウハウである程度成功することも難しくはありません。しかしそれだけではいずれ先細りとなってしまいます。ですから保険営業マンも常に新しい知識等を吸収して成長していかなければなりません。特に制度などは毎年変わる可能性もありますので、ブラッシュアップしていくことが必要です。

学んで（仕入れて）実践して初めて自分の智恵となるのです。

企業を対象とすると、様々な施策やアドバイスを考えることになります。当然自分自身が成長していかなければそれに応えることはできないのです。

私がソニー生命に入社した20年前に口さがない先輩から「この仕事は在庫も仕入れもない気楽な仕事だ」と教わったことがあります。

確かに在庫はありませんが、お客様に対して価値提供を行うために自分自身が持っていない価値、すなわち知識は仕入れるしかありません。常に自分自身で学んでいかなくてはならないのです。私は、保険商品を販売するというよりも保険営業マンすなわち自分自身が商品と考えていますから、自分自身に価値がなければならないのです。

●対象者をイメージしてセミナーを受講

自己成長を果たすために研修やセミナーに参加する営業マンが少なくありません。大変けっこうなことですが、せっかく時間もお金もかけて受講したにもかかわらず、何の成長も果たせないケースもあります。学ぶことと成功することは別物で、研修などに参加して成功する営業マンがいる一方で、成功しない営業マンがいるのも確かです。この違いは何でしょうか。

それは受講するときの意識の違いといえるのではないかと思っています。成功する営業マンは、まずそのセミナーなり研修を受けているときに、ターゲットとなるお客様を思い浮かべながら受講しています。自分の名刺ホルダーの中にあるお客様のうち、このセミナーの話題を生かせる人は誰々であるということをイージして受けているのです。そうすることで受講姿勢もより真剣なものとなるはずです。

そして、学んだことをすぐに実践に移すべく、思い浮かべた人に対してアプローチをしていきます。すぐに実践しにくいのであれば、まずは誰かに試してみます。もし情報提供の仕方について学んだのであれば、知り合いに試すなどして、説明の仕方などを熟練していきます。その後に実際にお客様に対して話すのです。学んだ知識を利用することで智恵に変わるのです。

学ぶことで満足せず実践力のある営業マンが成功するのです。

天台宗の教えに「教行一致」をいうものがあります。これは学ぶことと実行することは両輪で、実行することを前提とした学び方でないと意味はないということです。まさに営業においてセミナーなどを受けるときの心構えともいえる言葉ではないでしょうか。

また、企業へのアドバイスにおいては財務諸表をきちんと読んで判断できなければなりません。財務諸表に詳しくなるには実践で身につけることができれば一番いいのですが、必ずしもそうした環境にあるとは限らないので、本などで勉強していくことになります。ただ、一冊、二冊読んだからといってすぐに実践で使えるほど詳しくなれるわけではありません。それこそ何十冊と読みこなしていくうちに実践でも使えるようになるものと思います。

いずれにしても、より多くの知識をつけることが肝要となるのですが、ここで注意してほしいことは、勉強だけで終わってはいけないということです。

セミナーと同じように、勉強をする際には、対象となるお客様を思い描いて、このテーマに合う人をリストアップして勉強することです。誰のために学ぶのかをしっかり把握しなければ、その勉強も意味のないものとなってしまいがちです。お客様のために有益になりたい、不可欠な人間になりたいとすれば、本の読み方も変わってくるはずです。

その他にも分からないことがあれば人に聞くことです。例えば経営者に喜ばれるソリューションは何かということをコンサルタントなどにも伺い、そのときに資金調達や補助金等の話を聞き、使えるものについてはそのまま経営者に紹介したりもしました。

自分の知らないことは勉強するなり聴くなりして、学んでいくしかありません。

5 プロとして価値ある人間になる

箴言その五

継続的な努力がなければ魅力的な人間にはならない

●過酷な努力を継続的に行う

スポーツの世界において本当の成功者は一握りです。その一握りの成功者は恵まれた素質の上に過酷な練習を継続的にそして当たり前のように行っています。

プロスポーツ選手と保険営業マンは苛酷な環境という面では似通った境遇です。安定した前職を捨てて不安定なフルコミッションの保険の世界に飛び込んできて、成功を果たそうとするわけです。誰しもが基本的には未経験からのスタートとなりますから、自立して成功を果たそうと思ったならばそれに相当な努力をする必要があります。

例えば、年間５０００万円の保険営業マンを目指すのであれば、それに相当する努力をしなくてはその目標は達成などできません。１億円の目標を立てたならば５０００万円の２倍の目標です。５０００万円に対して少なくとも２倍以上の努力が必要です。その努力もなく成功できるほど甘い世界ではありません。

●保険の話しかできない保険営業マンは魅力がない

だからといって保険についてだけ努力し詳しくなっていればいいということでも

ありません。

お客様から見て、「保険の話しかできない営業マン」に魅力を感じるでしょうか。おそらく魅力的には映らないでしょう。では付き合う理由を持っていると思うでしょうか。やはり答えはノーです。

経営者が欲しているのは経営の話です。いかに売上げを上げるか、コストを下げるか、こうした話ができなければお付き合いはしてもらえません。財務関係はもちろん経営者の会社の業務内容から取引先等を推測して販路の拡大やマッチング等の話もできなければ、相手の心をつかむことなどできないのです。もちろんその先の保険のセールスについても、適うわけもありません。

人と会うには理由が必要で、お客様にとって会うべき価値がなければ会えないのですから、価値を身につけるためには勉強をするしかありません。新聞、本、雑誌等だけではなくあらゆるツールを活用して知識をブラッシュアップしておくことです。

あらゆるところにアンテナを張って、必要と思われるものは常に吸収していくことです。

継続的に自己投資をしていくことで、お客様にとって価値のある人間、すなわち魅力的な人間になることができるのです。それがプロフェッショナルであり、お客様に満足を与えることもできるはずです。

6 今までの生き方を変えること

箴言その六

人へ貢献することは正々堂々の豊かな人生を歩むことになる

●今までの生き方とこれからの生き方

例えば過去の生き方として、人にお世話をしてきた人と人からお世話をされてきた人とでは、どちらが成功できると思いますか。当然お世話してきた人だと思います。

今まで人のお世話をしない生き方をしてきた人が自らを省みてこれからはお世話をする側に回ろうと考えても過去を変えることはできませんが、かといってこれから成功できないかというとそうではありません。今後の生き方を変えていけばいいのです。人のお世話をする側に回ればいいのです。

では、どんなことでお世話をすればいいのでしょうか。これでなければならないといった決まったものは特にありませんので何でもいいと思いますが、基本は自分自身の得意としていることにすべきでしょう。

ジャンルはスポーツでも勉学でもボランティアでも良いと思います。大事なことは継続をすることです。

何にしても、口先だけでは成功はできません。私の周りにもお世話をして生きている人は、幸せな人生を送っています。

●自分の仕事の目的を明確にする

成功するにも自分自身の生き方を持っていることが大事です。自分はこういう方向性で進み、お客様にはこうした価値の提供をするというものがなくてはならないのです。

そのときに重要となってくるのが「自分自身の仕事の目的」です。そこが定まらないと何を学んで、価値化して誰にどう提供すべきか決まりません。あなたは何をすべきなのでしょうか。極端な言い方をすると自分自身の仕事の目的はお金でもかまいません。お金を稼ぐために様々な工夫を凝らすという行為が備わっていればいいと思います。

ただ、お金を稼いだ後どうするのかが定まっていなければ一過性のものになりやすく、やはりお客様のお役に立つというところがなければ、長続きはしないものです。

目的は一度決めたから変えてはならないというものではありません。仕事をする中で自己成長とともに目的も昇華されていきます。

今目的を持てていない人がいたとしてもそれは問題ではありません。今からその目的を持てばいいのです。

常に考えて行動しましょう。「自分自身の目的と存在意義は何か」を常に考えて行動をすることが自己成長を果たす源泉であります。

●あなたの存在意義は何？

人は仕事をする中でいろいろなことが起こり、落ち込んだり迷ったりするものです。こうした状態は精神衛生上決して良くはありません。不安ばかりが募ることとなります。まさに太平洋のど真ん中で羅針盤は壊れ、何の指針も持たずに彷徨っている状態となっています。

不安のない人生を歩むためには、自分自身の存在意義を明確化することです。

「あなたの存在意義は何でしょうか？」

自ら考えて行動しましょう。

例えばそれが、保険の販売を通してお客様の幸せを築くことであれば、なんとしても保険をセールスしてお客様に満足いただき幸せを感じてもらわなくてはなりません。お客様の売上げを上げることだとしたら、「誰に」「何を」「どのように」を分析して売上げを上げるお手伝いをしていくのです。

●継続的な努力をしているか

人の価値には現在価値と将来価値がありますが、どちらが大事かというと、断然将来価値のほうです。現在価値はあまり関係ないといってもいいでしょう。

お客様は営業マンの将来価値に期待して保険契約を任せてくれるわけですから、その期待を裏切ることはしてはいけません。

自己成長を果たし自分自身の将来価値を高めるためには、継続的な努力をしなければなりません。この努力を継続できない人が多く見受けられます。

どうしてなのでしょうか。それは想いが低いからではないかと思います。強く高い想いを持つことによって、その想いが努力を促し、自己成長を果たすのです。当然、お客様も幸せにすることができ、その結果お客様から信頼されることになります。

この信頼を得るための努力は怠ってはなりません。1年365日24時間お客様にどうしたら役立てるかを考えることが大切です。

考えることによって、お客様に必要な情報が入ってくるようにもなります。その後に提案を考えていくのです。

7 気働きができているか

箴言その七

お客様の漠然とした不安を汲み取って顕在化させる

●24時間お客様のことを考えておく

お客様のために心すべきことに気働きがあります。気働きとは「お客様に何ができるか」というホスピタリティー的な想いを実現する力のことです。気働きと簡単に言っていますが、非常に大事なものです。

例えばお客様自身がなんとなく漠然とした不安などを持っていた場合でも、その本質が分からなければ伝えることはできません。それを営業マンが汲み取って顕在化させていくことが気働きです。このお客様の思いを汲み取る作業ができて初めて気持ちよく対応をすることができます。

気働きができるということは、お客様に役立つ情報を収集したりその活用方法を考えたりすることですから、これらを実践することで自己成長を果たすことができるのです。

気働きができてお客様対応のスタートラインに立ったということが言えるのではないかと思います。

ただし、気働きをするためには、それこそ24時間お客様のことを考えていなくてはなりません。そうした不断の努力が必要となります。

次のようなケースを想定します。

ある経営者から医療保険の問い合わせをいただきました。その問い合わせに対してA君は、誠実に医療保険加入の具体的な提案をして医療保険の契約を実行しました。

B君は、A君同様に医療保険の具体的な提案をし契約を実行した後に、経営者としての死亡リスクマネジメントおよび役員退職金の提案を行い、こちらも契約を実行しました。

このどちらが経営者にとってお付き合いするメリットがあるでしょうか。

明らかにB君といえます。気働きができることによって顕在化していないニーズを把握してそれを自然なかたちでビジネスチャンスとして捉えることができています。単に医療保険の提案で終わるのではなく、お客様が不安に思っているであろうことを斟酌してアドバイスするほうが、お役に立つのです。

相手にとって必要のあるものを把握しそれを提案できればいいのです。そのいかし方が違えば結果も異なってきます。

あなたの気働き力はどうですか。

8 高い目標を持てば意識も高くなる

箴言その八

一時の成功で満足する者は二流
継続して成功する者が一流

●意識が低いと目標も低くなる

常に高い意識を持つことが肝要です。意識は行動を司りますから、目標設定をするにも意識がその高さを決め、この意識の高さが成功の源泉だと言えるのです。

意識が低ければ低いなりの目標となり、本人の成長もその高さまでです。しかし高い目標を持つことによって本人の成長も促進されるようになります。

もちろん意識は自分自身で高めなければいけませんが、高く意識を持ち続けることはなかなか困難です。そのためにも目標になるような先輩やメンター（助言者・精神的に信頼できる人）を持つことが重要となるのです。

保険営業を始めた当初、私もつらい日々を過ごしていました。しかし私についていたマネージャーがすばらしい人でした。メンターとしても優秀な人でした。何とか保険契約を済ませ初回分の保険料を持って会社に帰ったときには午後10時を過ぎていても、そのマネージャーは待っていてくれて「おつかれさん」「契約できてよかったね」と声をかけていただいたものです。

この人のためにも頑張ろうと思いました。このマネージャーは朝も誰よりも早く会社に来ていました。こうした周りの方によっても救われ、やらなければならないという意識を持つことができたように思います。

意識を高く持てたとしても、営業マンが成功を実現するためには、努力と実践を継続していかなければなりません。しかし、人は弱いもので、楽なほうに逃げる習性があります。

努力をしないことで提供する価値の最大化が図れるはずもなく、その結果成果が上がりません。成果が上がらなければモチベーションも後退し、営業活動が停滞していくのは自明の理です。こうなると不成功のスパイラルに陥ってしまうことになります。

自分自身がどうありたいか、それを実現するために何を実行すべきなのか、そうしたことを自分で思い描いて強い想いを持つことで、初めて行動に結びつくのです。

この「強い想い」は、単に生命保険の営業活動のものというよりは、人生を送る過程の中で育まれたり退化したりするもののように思えます。

●発展的な自己否定ができる人が成長する

自己成長を果たさないとお客様に継続的な期待を持ってもらうこともできません。市場環境の変化についていけず、成功は遠く及ばないでしょう。

自己成長を果たすために必要な要因として「自己否定ができる」ことがあります。もちろん自己否定とは自分の存在価値を否定するというのではありません。現状に満足をしてしまうと何の努力も行われません。努力がなされないと成長は果たせませんから、常に今の自分に満足することなく高みを目指すことを指します。「今のままの自分ではダメだ」という発展的な自己否定は成功に重要な要件となります。

●一流を目指さないと二流にもなれない

フルコミッションの保険営業マンの世界は特に不安定で厳しい世界です。基本的には安定したサラリーマンを捨てて保険の世界に入ってくるわけですから、当然成功をしたいという想いは人一倍強いでしょう。ですからその思いを含めて何らかの目標を持って入ってきているはずです。その目標が大事です。

目標と実績の関係は、実績が目標を上回ることは基本的に少なく実績が目標を下回ることのほうが圧倒的に多いのではないかと思います。

ですから目標は高く持つべきですが、ここで低い目標を立ててしまうとフルコミッションの世界に入ってきたことの意味合いさえも喪失してしまいかねません。低い目標ではそこでとまってしまいます。往々にして人はできるだけの目標を立てがちです。最近は「もうこれくらいでいいだろう」というような高みを目指さない人が増えているような気がします。

そうではなくて一流を目指すのです。一流を目指さなければ二流にすらなれません。高い目標を定めましょう。そしてそれを実現する行動計画を立てましょう。

そのために努力し仕事を通じて自己成長を果たし、価値提供し信頼関係を構築していくことが成功の原理原則です。

そもそも一回や二回の成功で終わる人は一流とは言いません。せいぜいに二流止まり。一流の人というのは常に成功し続ける人を言います。一流を目指すというのは常に成功し続けることを目指すわけですから、本人のやる気以外には道はないのです。ある目標に達したらまた次の目標をつくればいいのです。

常に自己成長を行い、一流を目指すことが何よりも大切です。

第4章
保険セールス実践貢献術

1

顧客貢献事例ケース1

ある不動産会社経営者

箴言その一

訪問する理由があればアポイントがなくても訪問できる

●医者へのアドバイスで保険加入の見直しに成功

もともと強力な伝があったわけではなく飛び込んだ世界でしたが、１日に５人の経営者と会うというのは非常に困難でした。当然といえば当然なのですが、何もしなければ前に進むということはありません。

そこで、私には友人知人が40人いましたので、当初はこの方たちを活用させていただきました。

このとき思ったのは、「この40人の友人とさえ信頼関係が構築できないのであれば、数多くのお客様と信頼関係なんか構築できない」ということです。私の人となりを知っていたわけですが、彼らとの信頼関係を今一度構築することで、契約もいただいたりしました。

その中で薬品卸会社に勤める友人に、「医者を紹介してほしい」と依頼しました。その友人と信頼関係ができていなければ医者を紹介してもらえるはずはないのですが、私を信頼してくれていたのでしょう、なんとか医者を紹介してくれたのです。

当時私は、保険の加入というと定期付終身保険に皆加入していると思っていました。そういう思いを持ってこの医者にアプローチしてみると、５億円の終身保険に入っていたのです。この保険では月に保険料が400万円にもなります。そこでそれを保険料は変わらないものの損金算入できるなど税務上有利な長期定期保険を提案しました。その結果私から加入していただけたのです。

生命保険の加入だけでも十分だったのですが、この医者の場合、これで終わったわけではありませんでした。宿題をいただいたのです。まさに千載一遇のチャンスでした。

実は遊休地を所有していて、この土地の有効利用を相談されたのです。保険の加入に際して、真摯なスタイルがこの医者には気に入られたようです。

しかし当時の私にその有効利用を提案できるだけの知識や経験はありませんでした。またそれを相談できる人もいません。

そこでこの近辺の地域で急成長している不動産会社を訪ねることにしました。その会社の社長は若いながらバリバリ仕事をやる方で、何とかお近づきになりたいと考えていたのです。同年代のこの社長は多くの人脈を持つリーダーシップを有する経営者です。若くして会社を大きくしたのであるから、仕事ができるのはもちろんですが、何よりも人が周りにたくさんいるので誠実であろうと考えたわけです。

とにかくここに飛び込んで「10分だけ時間をください」とアポなし訪問をしたのです。

アポなしですから断られることも覚悟をしていましたが、とにかく話を聞いてくれて、これがその会社の仕事に結びつきました。

医者からの相談は家賃保証付き賃貸マンションを建て経営するというものです。結局、その不動産会社の社長のところでお世話になり、その社長からも大変喜んでいただきました。そのことがきっかけでその社長とは信頼関係を構築できたのです。

その後、マンションなどを建設するときに工程会議というのがあるのですが、その社長からその会議の席に招かれ、他の建築会社の社長などを一人一人紹介していただきました。

●相手との距離感をいかに近づけるか

人は知らない企業を訪問するときに躊躇するものです。しかしこちら側に訪問する理由があれば、アポイントがなくても訪問できます。なぜなら相手に対して仕事を持っていくことになるわけですから、断られることを考える必要はありません。

材料さえあれば話を聞いてくれるのです。逆に、こちらがいいと思っても相手にとって嫌なことは長続きしません。

保険販売ではよくセールスのノウハウなどを聞きたがる人がいますが、保険セールスのテクニックなどはそれほど重要ではありません。要は相手との距離感をできるだけ近づけるようにすることなのです。そうなれば話を聞いてもらえますし大事なものを任せていただけるのです。

この社長とは、その後はパートナーとして親しいお付き合いをさせていただくようになり、実際に多くの友人の経営者を紹介してもらい、多くの契約を実現できたのです。

このケースは、私の友人の紹介から発展したものですが、友人との信頼関係が構築できていたからこそのものだと思います。読者の皆様も友人知人はいらっしゃるでしょうから、まだ連絡していないようなら、まずはそうした人たちとの信頼関係を構築することから始めてはいかがでしょうか。躊躇してしまうのは私も分かりますが、相手にいいことをしているという意識を持つことで、打開できるものと思います。

そこで培ったものは、必ず将来役に立つはずです。

2 顧客貢献事例ケース2

あるプロバイダー経営者

箴言その二

財務知識を活用すれば保険料50億円の契約も締結できる

●現金を減らさずに小切手で契約

ある方からファミリーコンピューターのプロバイダーの社長を紹介いただきました。その社長からある大手のゲーム機会社S社を紹介してほしいと依頼されたのです。もともとこの会社は他のゲーム機会社でも仕事をしていたのですが、S社と仕事をすることで飛躍的に成長できると考えたのです。当時、S社は新しい家庭用ゲーム機をもってファミコン業界に進出してきました。このゲーム機は爆発的な人気を博しその後、後継機種がいくつも発売されています。

ともかく社長からはそのゲーム機が人気の機種になりそうなので、「S社と付き合いができるようにしてほしい」と頼まれ、私は当時の上司である営業担当常務に相談をしたところ、S社の社長と面識があるということで、何とかプロバイダーの社長の要請に応えることができました。

S社からすると新しいプロバイダーの紹介は喜ばれることでした。その結果、S社とプロバイダーとの提携が実を結び、そのプロバイダーの年商が15億円から150億円となったのです。その社長からとても感謝されたのはもちろんですが、やはりたくさんの経営者の友人を紹介していただきました。

その中には食品会社の社長、パチンコ会社の社長、宝石販売会社の社長など様々な方がおり、皆を紹介してもらいました。中でもその社長の前職の会社を紹介いただいたのですが、その会社とは結果として保険料で50億円の契約をすることになったのです。

この50億円の保険料の契約については次のようなものでした。

会社の利益を減らし節税対策として保険加入を提案したところ契約をしていただけることとなったのですが、実は3月も下旬のことでした。そうなるとキャッシュを引き出される銀行としては年度内に多額の現金が減ることになるため、その社長にこの契約の停止を求めてきたのです。

私としてもその契約を中止するのは大きな打撃となることから、何とかまとめようと智恵を絞り出しました。そこで思いついたのが現金を動かさないことです。つまり3月31日付で手形を振り出してもらい、現金は銀行に残し保険契約は手形で進めるということにしたのです。これには銀行もしぶしぶかもしれませんが了承し、保険の契約ができたのです。

経理などについてまったく知らなければ契約はできなかったかもしれませんが、

財務などの知識を活用することでうまくいった事例といえます。

そのほかにも、集合住宅向けのインターネットサービスをやっている会社を不動産会社に紹介したこともあります。不動産会社では、集合住宅の場合それぞれのお宅の管理が非常に手間となってきます。そこで５０００戸、１万戸などの大規模な管理に長けているインターネットサービスの会社は、そうした不動産会社にとっては非常に助かる存在となります。

それをマッチングすることで両者に喜んでいただき、保険の契約もできたのです。

3 企業経営の本質を知る

箴言その三

財務諸表に現れない部分にこそ
その企業の本質がある

●事業承継と企業の本質は雇用責任

長年、生命保険のセールスをする中で、出会いをいかせないという経験も多くありました。

例えば、経営者を紹介いただいたとしても、生命保険に興味のない方も相当数いるわけで、そのような人をいくら紹介いただいたとしてもその出会いをいかすことができず、お客様になっていただくことはできませんでした。

会社への貢献についても、順調な会社では、売上げ増加やコスト削減についてはすでにうまくいっている場合が多いのでお客様になっていただくには、他の面で貢献していくことを考えなければなりません。

そうした中で、後継者のいない事業承継問題で悩む高齢の社長からＭ＆Ａの相談を受けました。実は以前、私は自分で会社を興し最終的にはＭ＆Ａで売却した経験があります。その経験からこの相談に役立てたのです。

企業へのアドバイスを考える上で大切なのは、企業経営の本質を知ることです。企業経営の本質について少し話すと、「企業が持つ重要な責任の１つは社員の雇用継続を実現する責任」を有することです。つまりオーナー企業の経営者であっても会社はその経営者1人のものではないということです。社員の幸せが実現できて初めて企業経営者となり得るのです。

企業の最も大事な役割としては、雇用継続です。そのために売上げを上げコストを下げることによって、企業価値を高め企業の永続を図ります。

中小企業の場合は借入をするときに経営者の個人保証をしがちです。ここでもしこの借入をヘッジしていなければ経営者の相続が起きたときに相続人は多額の借入も相続しなくてはならなくなります。この場合では死亡リスクマネジメントを行っていなかったということです。

経営者が亡くなっても会社は継続しなければ、させなければなりません。そのために万が一経営者が亡くなったとしても会社が継続できるよう保険加入しておくべきなのです。

企業経営で大切なものとして従業員があります。そのためには福利厚生制度を充実させることが必要です。社員がその会社で安心して働くことができる環境をつくったり安心して入社してもらい働いてもらう環境を整える必要があるのです。

例えば、退職金がそれこそ40年働いて６００万円というケースもあります。しかしこれが２０００万円となるのであれば、経営者も安心できるはずですし、何より従業員も喜んで働いてくれるでしょう。退職金と並んで弔慰金の用意をしておくことも必要でしょう。

要は安心して働いてもらえる環境づくりをしておくことです。病気になったときでも、万が一のときでも、自分だけではなく家族にも安心を与えられるような職場にしておくことが大切なのです。

また、事業承継でも多額のお金が必要となります。株の譲渡資金も相当のお金を用意しなければなりませんし、価値が高い会社はそれだけ株価も高くなっていますから、まとまったお金が必要となるでしょう。

これらに対応できるのが保険です。保険によってお金を準備できれば、従業員は安心して働くことができ、社長も安定した経営ができることとなります。

お金は何かと言うと、結局はライフプランのためのものなのです。ライフプランを実践するために保険という特殊な商品を購入いただいているのです。

●企業の現在価値と将来価値

私はソニー生命に3年間いて、その後ソニー生命を退職し自分で会社を立ち上げました。ただこのときの会社は何人かでの共同経営だったのですが、業績が悪く皆株式を手放したがっていました。そのため最終的には私がすべての株式を買い取ることにしたのです。その後苦労の末、黒字転換させることに成功しました。

黒字にして付加価値をつけたことで、企業価値が上がったのです。このときの企業価値の上げ方について学びました。その後売った会社がまた業績が悪くなったため、いくつかの条件はあったものの今度も安価でその会社を買い戻しました。

こうしたM&Aを通じて私自身、財務諸表の見方や企業価値の上げ方が分かってきました。実践して実務の中から学んでいったわけです。

つまり企業へ貢献するということは、売上げの増加やコストの削減だけではなくM&Aなどを通じた企業の建て直しなども念頭に置くことです。

もちろんそのほかにもいろいろあると思いますが、私の場合はM&Aが得意とするひとつの手法と言えます。

私が会社を売り買いしているという話を聞きつけて、70歳くらいの方がたずねてきたわけですが、会社を経営しているけれども後継者もいないし自分も会社を売りたいということでした。

このときの財務諸表をじっくりと読み込み、どうすれば一番いいかを考えました。決して業績が悪い企業ではなかったことから、当時の現在価値で７０００万円ほどの会社を8億円で売ったのです。

これにはその社長は大変喜んでくれました。ではどうしてこの価格で売れたのかということです。

企業の価値には現在価値と将来価値があります。現在価値とは今解散したらいくらになるかというものです。この会社の場合は７０００万円ほどでした。ところが将来価値を考えると、毎年2億円の利益を出していましたから、5年経営すれば10億円の利益が積み上がることになります。それを少しディスカウントして8億円としたのです。

会社を売る場合にはこの価値を認めてくれる人に売ればいいのです。認めない人には売らなければいいだけの話で、欲しい人は認めてこの金額で購入するのです。

そこで買い手を捜しに行きます。利益を出し続けたい会社で、キャッシュを持っている会社。ですからある程度の大手企業ということになります。

相手の欲しがることをするわけですから、こちらから積極的に仕掛けていけるのです。つまり訪問できる理由があるのです。名刺ホルダーの中から対象となりそうなところに電話をかけていきました。

この会社については、確かに年間2億円の利益が出ているものの今後も出し続けられるかどうかがポイントとなります。財務諸表を見ると十分いけることが伺えるのですが、それでも分からないものがあります。

それは定性部分、例えばこれまでのお客様や取引先との関係が長く継続しているかなどです。1年ごとにお客様や取引先が変わっているというのはちょっと危ないことがあります。もちろん業種などにもよりますが、10年くらい同じお客様・取引先であればこれからも続く可能性がありますのである程度は安心できると思います。

こうしたことは財務諸表には現れないものの企業を計る上で非常に重要なものとなります。直接聞いてみるなどして掘り下げて確認することです。

なお、このケースでは新スポンサーとなった会社から法人保険などの契約をいただくことができました。

M&Aには3つのパターンがあります。

①後継者がいないケース
②成長戦略を実現するケース
③救済するケース

これらを見極め対応策をアドバイスしていくことになります。後継者がいなければ、後継者育成や他への買収を考えます。成長戦略は、お互い健全な会社ではあるけれどM&Aによってさらに成長が見込める場合です。救済については文字どおり倒産させるのではなく何とか存続することを考えます。

こんなケースもありました。これは救済型になるのですが、70歳の社長がスーパーマーケットを経営していたものの、売上げが伸びず債務超過となり借入金が15億円ありました。銀行から見ると破綻懸念先となり債務を回収しなければなりません。しかしそうするとスーパーマーケットは倒産します。そうなると経営者には多額の債務が残り自己破産せざるを得なくなります。そこでより健全な会社に買収させることで建て直しを考えました。もともとは悪い会社ではなかったので仕入れなどを構造改革することで健全化できそうでした。買収先を探し何とかM&Aを成功させたのです。私のネットワークを通じて探した結果、買収先が見つかりこの案件は成約したのです。

M&Aの実行により債務は新スポンサーが肩代わりして、元の社長は退職金500万円をもらえることとなり、従業員も解雇することなく守ることができました。取引銀行も債権が保全できたのです。また、そのスーパーマーケットに買い物に来ていたお客さんもサービスを継続して受けられることとなりました。

このスーパーマーケット自体には商圏などいくつかの魅力があったため、新スポンサーも買収を決めたのですが、何もしなければ単に一企業の倒産ということで終わり、多くの人が影響を受けたでしょう。

一つ一つ企業を分析してみていけば必ずいい点が見えてくるものです。そこをいかすことを考えれば、策は出てきます。

新スポンサーにも感謝され最終的には、法人保険などの加入に結びついたのです。

こうしたお客様への貢献活動が多くの人に安心を与えたものと思っています。

4 セールス力を強化する

箴言その四

自分自身をブランディングしなければお客様からは選んでもらえない

●お客様をアップグレードしサービスをアップグレードする

今の自分に満足をしている人はいると思いますが、その数はそれほど多くはないのではないでしょうか。今よりも成功したいと考えている人がほとんどだと思います。もっともそう考えているからこそ本書を読んでいただいているのだと思いますが。

しかし思っていただけでは成功は臨めません。今までに行っていた行動を変革していくことが求められます。お客様をアップグレードし、提供するサービスをアップグレードすることです。

日々、自分自身が成功に向かっているのか、そうではなく衰退に向かっているのかを確認するバロメーターは、「誰と会って、何を話しているのか」を確認すると判断ができます。

お客様は誰でどんなサービスを提供できているのか、より高いレベルでの行動がなされているかどうかを確認することです。

ちなみに、提供するサービスの質が向上することで会える人がアップグレードして、その結果より大きな成果に結び付くことになります。逆に言えば、サービスを上げられないとお客様の格も上がらないことになります。これでは自分自身の成長にもつながらないでしょう。

●保険営業マンとしてのブランディング

保険営業マンは数多くいますが、成功を収める保険営業マンは少ないのが現状です。保険営業マンとして成功をするためには、何よりもお客様から選んでいただけなければなりません。世の中には何万人という保険営業マンがいますので、その中からお客様に選んでいただくにも、選んでいただくための具体的な理由が必要となります。

その具体的な理由となるのが「保険営業マンの提供可能な価値」です。すなわち保険営業マンとしてのブランドです。そしてそのブランドを構築していくための活動がブランディングとなります。

ブランドとは、自分の得意な分野を持ちこれに関しては自身があるというものであり、お客様に対してアピールできるものです。これを身につけておくことで、他との差別化にもなります。

私の場合は主に企業の経営そのものに対してアドバイスするなどしていますので
これが自分自身のブランドということがいえます。
それ以外にも保険のセールス活動が得意な人などは、企業に対して営業のセール
スアプローチやロールプレイングなどを実践してもいいのではないでしょうか。
例えばある会社に行って、「会社の営業において問題はありませんか」と伺い、そ
こで「よろしければ、私どものセールスプロセスのノウハウを御社の営業マン教育
としてやらせてもらえませんか」というような話をします。自分の持っている知識
や得意分野を活用する、つまり自分の強みを明確にすることで、企業との信頼関係
が構築していくのです。

●お客様に必要なものをキャッチしているか

「ブランド＝お客様に対する提供価値」を持っていないのであれば、何らかの手段
を用いて仕入れる必要があります。お客様に喜ばれる価値を仕入れて、提供するこ
とでお客様から喜ばれる存在になることができるのです。そのためにはまずは知識
をつける必要があるでしょう。自身が直接ブランド化されていないとしても、多く

の人脈を持っていてお客様の要望に何でも応えられるとしたら、これもブランドとなります。

事例のところでも言いましたが、お客様に喜んでもらえるだけの理由があれば保険の契約はそれほど難しくはないのです。他の人と差別化できるものがあればいいのです。

そこで選ばれるためにはどうすればいいかということが問題となってきます。多くの保険営業マンは保険を売ることしか考えていないように見えます。ましてや自分の所属する会社の保険商品だけです。

これではお客様の満足のいく貢献を行うことは無理です。いうなれば視野が狭すぎるのです。

まずはお客様のことを真剣に考えてみてください。意識してお客様のために何ができるかを考えれば、お客様にとって何が必要かをキャッチできるものなのです。ただキャッチするだけではだめで、その情報を基にお客様が求めているものを見極めていくことです。気をつけなければならないのは、本当にお客様にとってそれが必要なのかどうかを確認することです。したがって情報の裏づけもきちんと押さえておかなければなりません。

私は企業の財務などを中心に貢献できる手立てを探してきました。そこから売上げの強化、コスト削減などが見えてきますし、マッチングなども考えるようになったのです。

結局、自分自身のブランドを確立することで、お客様から選ばれ、保険セールスも可能となってきます。セールス力をつけたいのであれば、ブランドを構築することです。

5 プレゼンテーションの実施方法

箴言その五

プレゼンテーションは
分かりやすく短時間に判断材料を提供する
ことであり
１００回の練習は欠かせない

●プレゼンテーションの仕方

私がお客様にプレゼンテーションする場合には、１００回程度は練習してから実践しています。またプレゼンは、分かりやすく短時間が基本ですから、５～10分で内容が分かるようにします。

人というのは不思議なもので、興味があることについては時間を惜しみませんが、興味のないものについてはあっという間に打ち切ります。保険の話などは特に興味がなければ聞きたいと思っていないのですから、すぐに「けっこうだよ」と言われてしまうのがオチです。そのためにも説明は短時間で終了させる必要があるのです。5分の面談により興味を引き、その後きちんと時間をとった説明へと結び付けていくのがコツです。

短時間で効果的な説明をしようとすると、１回や2回の練習ではなく１００回程度は練習しなければならないでしょう。ただ、やってみると分かりますが、１００回の練習というのはすごく時間がかかります。毎日こうした繰り返しをしていかなければいいプレゼンはできませんし、次にも繋がらないのですから、プロとして本当の努力をしなければならないのです。

人間ですから休みたい、お酒でも飲みたいと思うことはあるでしょうが、実績を出したいと考えるのであれば、その時間さえもプレゼンのための練習にあてるのがプロだと考えています。

この世界で5000万円稼ぎたい、1億円を得たいと言うのは簡単ですが、そのための努力をどれだけの人がしているのでしょうか。その努力なしには果実は得られません。

●効果的なプレゼンテーションの実施方法

プレゼンテーションを行う際の要点は3つあります。①分かりやすく、②短時間で、③判断材料を提供することです。

すなわち、分かりやすい言葉を使うことと、論理構成をしっかりと構築する必要があります。

例えば保険商品のプレゼンテーションにおいては、お客様は保険については素人と考えられますから、専門用語を使うのではなく平易な言葉を使い理解をいただくことが重要となります。保険料と保険金の違いが分からない人もいます。そこで保険料を毎月の掛け金と表現したほうが理解しやすくなります。保険金についても保険事由が発生したときに（何かあったときに）もらえるお金などを丁寧に話したほうがいいでしょう。

論理構成については起承転結を意識した構成にします。構成がしっかりなされていれば短時間での説明でも理解してもらうことも可能となるのです。

すべては、お客様の立場に立って構築することで上手くいくようになります。

●資料なしで商談できるのがプロの仕事

多くの保険営業マンは、既成概念として、生命保険は保険設計書等の資料をもってプレゼンテーションというセールスプロセスを経て、お買いいただくものだという認識を持っています。そのため設計書等の資料がないと話も聞いてくれず保険への加入も無理なのではないかと思っています。しかしそうではないのです。

お客様が正しく理解して購入したいと思っていただければ、資料は後日確認いただければいいのです。

しかも資料を使った説明では短時間ではすまないことが多々あります。保険の商談のために忙しい経営者にわざわざ1時間の時間をいただくのは物理的に難しい場面もあります。

そこで、例えば食事後の空いた時間を活用するなどして、商談をするということを考えます。

「社長5分だけ時間をいただいて、会社で契約をする生命保険について話をしても良いでしょうか？」

このときに①分かりやすく②短時間で③判断材料を提供するのです。

この5分間が勝負で、このときに興味を持っていただければ、その後の活動もスムーズにいくでしょうし、興味を持っていただけなければ、その後取引することもないでしょう。


これで商談がうまくいくというばかりではありませんが、保険営業マンが成功をするには具体的に商談の数を増やさねばなりません。数を増やすには短時間での説明が重要となります。このときパンフレットなどの資料によるプレゼンはできません。保険のプロとして空いた時間を活用していつでも商談ができるように準備しておくことが大事なのです。

6 ミーティングの実践方法

箴言その六

相手が絶対に聞きたいと思うものを3つ程度は用意しておく

●ミーティングは3つのテーマで仮説として検証する

私がお客様と行うミーティングでは、基本的に挨拶とか世間話に時間を費やすことはしません。もちろん時間をいただくことに謝意を払いますが、それよりも大事なことはミーティングの中身で、その中身がお客様である企業経営者の経営に役立つ内容でなくてはなりません。

ミーティングを行う前には、事前準備をしっかりしておくことが肝要です。もちろんその会社の属性情報などはある程度把握してから臨みます。

ミーティングの中身については、初めてのミーティングであっても経営者が喜ぶであろうと思われるテーマを仮説として複数用意しておきます。喜ぶテーマとは会社によりいろいろでしょうが、大別すると何度も申し上げていますが、売上げの増強とコスト削減、加えてマッチング等になると思われます。この場合も「誰に」「何を」「どのように」で考えます。

それを整理整頓して「社長、本日はお時間をいただきましてありがとうございます。今日のミーティングのテーマは3つです。一つ目は…です」というような流れで、いただいた時間を最大限価値のあるものに仕上げる必要があります。

このとき、当該企業がどんな点について悩んでいるか困っているかについての仮説を立て提案していきます。仮説を立てた貢献営業は、日々の仕事を通じた自己成長を果たすことに繋がりますし、そうした営業スタイルを実践している保険営業マンはほとんどいないと思われますので、実践することでお客様から選んでいただける具体的な理由となります。

例えば次のような調子で話を始めていきます。


「本日お邪魔いたしましたのは、資金調達のお話をしたいからです。経営革新と申しまして国の中小企業支援策のひとつがあります。この認定を受けますと3つのメリットが発生します。

1つ目は政府系金融機関の低利融資が受けられます。

2つ目は信用保証協会の保証が2倍になります。

3つ目は補助金・助成金が受けられる可能性があります。」

　こうした話をするとおおよそ良い反応をいただけます。つまり相手のことを考え、話を聞くことに絶対にイエスといえるものを３つくらい用意していくのです。

　そのほかにもコストダウンの方法や社会保険料の下げ方、また固定資産税を下げるというものもあります。

　社会保険料に関しては、最適化を図ることによって結果としてコストを下げることを考えます。例えば厚生年金保険料は月額報酬と賞与報酬に分けられるため、月額報酬を引き下げその分賞与報酬に加算して年間報酬を変えずに月々の保険料を減額させるという方法を実行したこともありました。

　また固定資産税について役所が過請求しているケースがあるのです。以前新聞に固定資産税で１億２０００万円の還付されたケースが掲載されていました。おおよそ固定資産税では３割ほどの過請求があるようなのです。そこで、まずこの記事を持っていって説明し、次回訪問するときには、これを適正な価額として算出してくれる会社がありますので、この会社の者を連れて実際に該当するのかどうかを判断してもらいます。この会社は完全歩合制なので、該当していなければ料金を請求されることはありません。

お客様からすると、該当していなくてもここまで親身になって調査してくれるということで、信頼を得られるようになるのです。

自分の商品を売ろうとするのではなく、いかに貢献するかによって、セールスに結びつくのです。

●事前準備の3つのポイント

出会いをいかすためには具体的に「外さないミーティング」をする必要があります。そのためには事前準備が大切となります。

事前準備とは、明らかにされている情報の中からお客様が喜ぶであろうと思われるサービスを仮説として特定し、それを提供する準備をするということです。

具体的な準備の方法は、ホームページと信用調査会社のレポートから情報を抽出します。ポイントは3つです。1つ目は経営状態が右肩上がりか右肩下がりかを見てその要因の仮説を立てます。2つ目はその会社のビジネスモデルを確認します。誰に、何を、どのようにを確認し、どうすれば企業価値が向上できるかということを仮説として立てます。3つ目は役員と大株主の確認をします。これは当該企業が事業承継をなされているかどうかを確認し、事業承継対策の必要性を確認するためのものです。

こうした主に３項目の調査をし、それぞれの必要性を確認して貢献できるソリューションを特定し準備をしていくのです。

事前準備のない出たとこ勝負の営業マンは、決してうまくいくことはありません。保険営業マンは誰でも貢献したいと思っているはずです。しかしその方法が分からないのではないでしょうか。だからこそ事前準備をしっかりして、その企業にとってどういったことが必要なのかを考えることです。特に経営が安定している企業であっても事業承継に悩んでいる企業は少なくありません。こうしたことを仮説として立ててある程度の対策を持って面談をすることです。

7 保険営業マンとしての行動形態

箴言その七

お客様を増やすには
会う人、話の内容、会う件数を変えること

●イマジネーションを持て

お客様のために何かをするということは、結局常にお客様のことを考えているからできることなのです。情報のキャッチということを前述していますが、お客様の必要としていることを考えていれば、アプローチ策は浮かぶはずです。そしてそのときにはイマジネーションを働かせる必要があります。仮説を立てることとも共通しますが、お客様が何を欲しているだろうかということをイメージし、自分の持っている情報を元にお客様に対してどういったことでお役に立てるかということを考えるのです。

イマジネーションというとセンスであったりこれまでの経験で培われるといったこともありますが、訓練によって膨らむものです。そのためには常にお客様について何ができるかを考え行動していかなくてはなりません。

イマジネーションが持てないということはお客様のことを考えていないという裏返しです。

自分のお客様に何が必要でどうすればその会社なりお客様なりがうまくいくかを考えながら行動することが求められています。

●モチベーションの源泉は「お客様からのアテンション」と「成果」

保険営業マンとして成功をするためには、長い期間モチベーションを高く維持しやる気をもって仕事に取り組まなければなりません。そのモチベーションはモチベーションについての研修などで講義を受けたからといって、長期間維持することは非常に困難です。外から注入されるモチベーションでは長続きしないものなのです。

長期間モチベーションを維持するためには2つの要因が必要です。それは、「お客様からのアテンション」と「成果」です。

自分の仕事がお客様に喜んでいただいたり評価されたりすれば誰でもうれしくなりますし、その結果、成果が上がれば満足も得られるでしょう。

そのためには自分自身のお客様に対する提供価値を高める必要があります。そしてそれは自分自身の価値を高めるということに他なりません。

あなたはお客様に対してどんな価値を提供できますか。

●具体的な行動を変えることで自分を変える

今までの自分に満足ができず、何とか変わりたいと思っている人も多いのではないでしょうか。

例えば今の成果を3倍に増やしたいと考えたとします。それを実現するにはどうすればいいでしょうか。

当然今のままでは増えるはずもありません。そのためには具体的に行動を変えることなのです。行動を変えるには、①会う人、②話の内容、③会う件数の3つを変えることです。今までのお客様が主にサラリーマンであった保険営業マンが経営者とお付き合いをしようとした場合、自分自身の価値提供力を高めないと実現には至りません。逆に言うと価値提供力さえ高めることができれば経営者とのコミュニケーションも十分に可能となるのです。

継続的に自分自身の価値提供力を高めることが本来的な仕事の位置づけだと思います。その努力がプロとしての努力といえるでしょう。

●成果に表れなくても努力を怠るな

行動変革を始めたとしても結果に結び付くには時間がかかるケースがあります。そのタイムギャップにより行動変革を諦めてやめる人も多くいます。

しかし、行動変革をしたとしても慣れていないので時間がかかるのは当然で、ましてやそれがすぐに成果に現れるとはかぎりません。ですから成功するまでやり抜くことでしかその変革は成功しないのです。

変革の努力を始めて、うまくいかない時期を乗り越えて、成功に必要な工夫を重ねて努力を継続することで、ある日、結果として現れてくるものなのです。

●PDCAによるセルフマネジメント

個人事業主が基本スタイルの保険営業マンは、自分自身で自分を管理していくセルフマネジメントが基本です。このセルフマネジメントがうまくできなければ当然成功は実現できません。そこで自身の管理についてお話しましょう。

自身の管理に有効なマネジメントスタイルが、ＰＤＣＡセルフマネジメントです。具体的なマネジメントの手順は、まず自分自身の目的を決めるところから始めます。保険営業マンとしての存在意義でもかまいません。この目的はどんどん進化をさせていきます。次に具体的な数値目標を掲げます。

そして目標達成に必要な行動計画を立てていきます。具体的にどう行動すればその目標を達成できるかという仮説（ＰＬＡＮ）を立てるのです。そして実行（ＤＯ）です。実行してみて初めてその計画が検証（ＣＨＥＣＫ）できます。検証をして必要に応じて改善をすることでよりプランの精度を高めさらに手直しを加えるなどして（ＡＣＴＩＯＮ）実現していきます。

このプロセスを１週間単位で繰り返しバージョンアップを図っていきます。

正しい手法であってもうまくいかないことが多々あります。その原因は継続できない人の弱さによるものです。その弱さを克服しなければセルフマネジメントはできません。

8 貢献力とは

箴言その八

貢献力を高めれば必ず実績はついてくる

●企業貢献にいかに保険を活用するか

最後に貢献力とは何かについてまとめておきましょう。

私が実践している貢献手法は本書でも述べてきたとおり、基本的にはお客様となる企業に役立つことやお手伝いをすることとしています。その多くは売上げの増加、コストの削減に大別されるのですが、そのためにその他の企業を紹介するなどのマッチングとなります。

ただ気をつけなければならないのは、単純にＡ社とＢ社をマッチングすればいいというものではないということです。Ａ社の財務を分析して最適な企業を見つけることが大事なのです。

そのためにも財務諸表を見てアドバイスできるだけの知識・見識を持っておく必要があります。また1年だけを見ればよいのではなく数期を見てその推移を確認することです。

こうした活動は金融機関、特に銀行などの融資業務などと共通点があるかもしれません。ただ銀行と異なることは、どこかに保険セールスを見据えていなくてはならないことです。単に財務分析をして終わりではなく、その企業あるいは社長に不足しているポイントについてアドバイスしていきながら保険を活用できないかを考えることになります。

もちろん保険がセールスできないこともあります。それはそれでかまわないのです。少なくとも社長は感謝しているはずですから、社長に他の企業を紹介してもらえばいいだけです。

そのときは素直に「お知り合いの企業を紹介してください」と言えばいいのです。そのようにして人脈を増やしていけば、確実に保険は売れるはずです。そのためにも自身の知識を含めた価値を高めることです。

それが貢献力を高めることになるのです。貢献力を高めることができれば、必ず実績はついてきます。

おわりに

私の経験上、成功するビジネスには3つの要素があるように思います。それは、①どこにもない（そこにしかない）、②高付加価値（お客様から喜ばれる）、③継続する（一度取引が始まると、永続的な収益がもたらされる）の3つです。

しかし一般的にはなかなかこれが難しいものです。保険セールスではなおさらで、保険商品は似たような商品性であればどこの生命保険会社で購入してもその内容は同じようなものですので、付加価値をつけようとしても、それほど大きな差別化とはなりません。

また保険に加入していただいても、喜び勇んで家に帰るということもないですし、保険料についても基本的には年一回（月々支払っているのは年間保険料を12等分したもの）ですし、何年も加入するのではなく1年でやめるという方も数多くいらっしゃいます。

つまり保険商品では他の保険営業マンとの差別化は非常に難しいわけです。そこで、他の部分での差別化を図ることが必要となります。それが保険営業マンそのもの価値といえます。

私がなぜ成功できたのかと言うと、本書でも述べてきましたが、とにかく考えてきたからだと思います。逆を言えば、今の保険営業マンの方を見ていると考えてない人が多いように映ります。

だから、これまでの年収５００万円を捨ててこの世界に入って年収１０００万円を目指しても、結局は４００万円となってしまうのです。

考える癖さえつければすぐに自分が何をすればいいのかが見えてきます。点と点をいかに結びつけるか、結びつけば今度は平面となってこの上でどう展開していけばいいのか、などなど考えることによって人は成長します。成長していけば確実にお客様との信頼関係も構築できるのです。

また、古くさい言い方ですが、「根性」がないと務まりません。結局、成功するまで諦めずに行動し続けるしかないのです。ところが諦めてしまう人が実に多い。これでは成功はおぼつかないでしょう。そうした「根性」も必要だと思います。

私はセミナーなどでも話しますが、本書でも述べたようにあるとき50億円の保険料を獲得することができました。人から見たら大きな成果を得ることができて、もう何もいらないのではないかと思われることがあります。そのためか「今後の五島さんの目標はなんですか」とよく聞かれます。聞く人からすれば、欲しいものはすべて手に入れたように映っているのかもしれません。しかしお客様への貢献が一番なのであり、今でも一日5人の経営者とお会いすることが目標です。

とにかく不安で不安でしょうがありませんでした。何が不安かと言うと、今日売れても明日売れるという確証がないことです。未来の実績ではないですから不安なんです。

もちろん20数年間自分なりの方法で実績を積み重ねてきていますから、ある程度の自信はあります。お客様への貢献のレベルも上がってきてもいます。数多くの人脈も持てましたのでお客様に対して様々なお役に立てるものを紹介できています。それでも不安を払拭することはなかなかできません。

だからこそ今でも一日5人と会うことを継続しているのです。皆さんもとにかく一日5人の経営者と会うということを励行してみるといいと思います。5人を選定するのもどうやって会うかも考えることは大変ですが、その大変さの中からやるべきことが見えてくるはずです。

私自身も最初は何をやっていいかも分かりませんでした。だから一生懸命考えたんです。そこから自分がなすべきことが見えてきて、何とか実績を残せるようになりました。

結局はこの繰り返しなんです。これを行うには自分自身の強さが必要になってきます。強くなることでまた考え行動できるようになります。読者の皆様も、まずは自分に打ち勝つよう強くなっていただければと思います。

成功するまでやり抜こうとする意識がなくては、結局は成功にはたどり着きません。

保険の役割は結局、保障と貯蓄です。そこに税制を絡めて、その企業にとって一番いい方法を提案することで、お客様とも信頼関係を構築できるはずです。

今回の東日本大震災の影響で、倒産や廃業する会社が多いと聞きます。しかし例えば保険によって1年分の販管費を用意できていたとすれば、1年間仕事がなく売上げが上がらなくても従業員を解雇せずに復興できる可能性があるのです。もちろん災害がいつやってくるかは分かりません。しかし利益の一部を少しずつでも保険を活用して内部留保することもできるはずです。こうしたことにも保険営業マンとしては目をやるべきだと思います。

常々私は「正々堂々の人生」を歩めということを言っています。奇をてらった方法で成功しても長続きはしません。正面からぶち当たってそこから何か方法を探すことが大事なのではないでしょうか。この「正々堂々の豊かな人生」こそが、保険セールス成功の近道だと思います。

保険のセールスも同じで、お客様の役に立って契約してもらってこそ、その後も長続きするのです。保険セールスにおいて保険の契約ばかりに目をとらわれていては、何も成功しません。要は「保険馬鹿」になるなということです。会社のルールのみに引きずられたり商品をはめ込むのではなく、自分が信じることをすべきなのです。それがお客様貢献となるのですから。
皆さんもそうした人生を歩んでほしいと思っています。

ッチング交流会」を設立し、代表理事となる。現在、東京・名古屋・大阪・広島・福岡の保険営業マンのネットワークを通じ、中小企業の経営者に様々なビジネスマッチングの情報を提供する活動を行っている。

【ビジネスマッチング実践会】http://www.bm-practice.com/
保険営業マンの本質的成功を支援するため、「ブランディング支援」と「マーケティング支援」を中心とした勉強会とセミナー開催を東京、名古屋、大阪、広島、福岡にて行っている。
現在、広島経済大学非常勤講師も務める。

〈著者略歴〉
五島　聡（ごとうさとし）

1961年　愛媛県生まれ
1983年　広島経済大学経済学部　卒業
1993年　ソニー生命保険株式会社入社
２年４ヵ月でエグゼクティブ・ライフプランナー（ライフプランナー3,000名のトップクラス）となる。(同社最短記録)

【主な成績】
1993年度　全国８位/1,203名　社長杯
1994年度　全国５位/1,775名　社長杯　MDRTトップ・オブ・ザ・テーブル
1995年度　全国５位/2,642名　MDRTトップ・オブ・ザ・テーブル
1996～1998年度　毎年　MDRTトップ・オブ・ザ・テーブル
MDRT（Million Dollar Round Table）とは、全世界の生命保険職の各年度のトップ６％のメンバーで構成され、本部は米国シカゴ。そのメンバーは相互研鑽と社会貢献を活動の柱とし、顧客のために最善の商品（プラン）・知識・情報を提供している世界規模の団体。トップ・オブ・ザ・テーブルとは、MDRT入会基準の６倍以上の成績を達成した者で、全世界の保険外務員の全体の0.1%、約600名しかいない。
1996年　代理店として独立、ソネット広島株式会社　代表取締役に就任
1997年　エフピーステージ株式会社　取締役副社長に就任
2000年　エフピーステージ株式会社　代表取締役に就任
2004年　同社をエーオン・ジャパン株式会社（世界的リスクマネジメント会社）にＭ＆Ａで売却。該社の取締役・ゼネラルマネージャーに就任
2007年　該社をエーオン・ジャパン株式会社からMBOで買収。新たにエフピーステージ株式会社を設立、同社代表取締役に就任し現在に至る

【Ｍ＆Ａアドバイザー業務】
2004年における自社のＭ＆Ａを経験して以来、現在までに、印刷会社、スーパーマーケット、レンタル会社、不動産会社、保険販売会社など、13件のＭ＆Ａの実績を有す。

【一般社団法人ビジネスマッチング交流会】http://www.bm-kouryukai.or.jp
2009年６月、中小企業の成長戦略実現を支援する目的で「一般社団法人ビジネスマ

メールマガジンのご案内

「ビジネスマッチング実践会」では、会員の皆様にいろいろな情報を提供しています。また同時にメールマガジンにより情報をお届けしています。
このメルマガでは、本書の著者である五島さんが興味を持って考えているものについてを「考察」と題して様々な角度から分析しています。
そのうえでいかにお客様のために役立つことができるようになるかも教えてくれます。

ご希望の方は下記のアドレスからお申込みください。

パソコン　http://www.bm-practice.com/
携帯サイト　http://www.bm-practice.com/i/

こちらのサイトでメルマガに登録された方には特典を検討しています。

なお、「成功のためのチェックシート」なども作成して活用していますので、これについてもご希望の方には配布しています。
—実践に役立つメルマガです—

携帯サイト用のQRコード

保険料50億円を獲得する思考術

2011年8月10日　第1版発行

著　者　五島　聡
発行者　福地　健

発行所　株式会社近代セールス社
http://www.kindai-sales.co.jp
〒164-8640　東京都中野区中央1-13-9
電話　03（3366）5701
FAX　03（3366）2706

印刷・製本　広研印刷株式会社

ISBN 978-4-7650-1114-3 C2033